Inhalt

Eine Art Vorwort

Sie werden erfolgreich den Weg zur Traumfigur beschreiten, doch ohne einige Voraussetzungen geht es auch mit unserer Methode, mit den „Grundgesetzen", nicht. Sie müssen sich ein wenig vorbereiten, Ihr „Werkzeug", Ihre „Ausrüstung" zurechtlegen. Sie können auch nicht in Stöckelschuhen auf das Matterhorn steigen oder mit einem Spielzeugbogen eine Zielscheibe in 50 Meter Entfernung treffen. Bei unserer Methode brauchen Sie jedoch keine Spezialgeräte, nur das, was in einem normalen Haushalt ohnehin vorhanden ist. Das Wichtigste, das Sie aber brauchen, sind Ihr Kopf und ihr Herz. Ohne Bewusstsein dessen, was Sie tun werden, und ohne beherztes Voranschreiten, können Sie Ihr Ziel nicht erreichen.

Die „Grundgesetze" zeigen Ihnen einen bestreitbaren Pfad zum Gipfel, ohne Wundermittel, ohne modischen Touch. Doch wenn Sie diesen Weg gehen, wird der Gipfel – die Traumfigur – Ihnen dauerhaft gehören, ohne Jo-Jo-Effekt, ohne ständiges rauf und runter. Ersparen Sie sich die Frustration, das Ziel bei aller Mühe, eines Tages nicht mehr erreichen zu können.

Diät adieu – Welcome Diät

Das Wesen des Abnehmens und das Schlank-Bleibens Abnehmen und leichter bleiben gelingt am besten durch eine Umstellung der Ernährung und der Lebenseinstellung. Zum eigentlichen Abnehmen braucht es nicht wirklich eine Diät, wenn man das Wort in seinem ursprünglichen Sinne versteht, wohl aber zur Erhaltung des reduzierten Gewichts. Das Wort Diät kommt aus dem Altgriechischen (Diaita) und heißt direkt übersetzt Lebensweise. Daraus abgeleitet wird die medizinische Wissenschaft der Diätik, deren Forschungs- und Lehrinhalte dem optimierten Verhalten gewidmet ist, ein gesundes Leben durch gesunde Ernährung zu führen. Als ihr Stammvater gilt der antike Arzt Hippokrates von der griechischen Ägäis Insel Kos, auf den noch heute die Ärzte der westlichen Welt ihren Eid ablegen. Mit Hippokrates, der von etwa 460 v. Ch. bis um 370 v. Ch. lebte, beginnt die Geschichte der Medizin als Wissenschaft und die Geschichte der Diät.

Medizin und Diätik sind praktische Wissenschaften, die Vieles aus der Erfahrung integriert haben. Oft entstanden durch Beobachtung Erkenntnisse, die erst später naturwissenschaftlich erklärt werden konnten. Deshalb tummeln sich im Bereich von Diät und Gesundheit auch so viele Heilsverkünder mit der Behauptung, dass ihre Methode richtig – einzig richtig – sei, und die Wissenschaft, das nur noch nicht erkannt habe. Diese Form der modernen Scharlatanerie verbreitet sich umso leichter, als sich Medizin, Psychologie, Soziologie und Philosophie unter dem Begriff „Gesundes Leben" vereinen.

Was Sie in der Folge lesen werden, beruht aber auf keinen Spekulationen, vordergründigen Erfolgs-"Beweisen" und gut getarnten Geschäftemachereien. Das, was Sie hier finden werden, ist im modernen Sinn teilweise schon seit dem 19. Jahrhundert in der Forschung bekannt, und vor allem ist es überprüfbar und reproduzierbar.

Reden wir also in Zukunft nicht mehr über Diät im traditionellen Sinn, sondern so wie es das englische „diet" versteht, das so viel wie Ernährungsprinzip bedeutet und nur am Rande mit Gewichtsabnahme verbunden ist. Ein verbessertes Ernährungsprinzip ist aber die Basis und Ziel einer gesund machenden Gewichtsabnahme zugleich. Den „Grundgesetzen" liegen fünf wesentliche und nachprüfbare Überzeugungen zugrunde:

Gewichtsabnahme muss durch Reduzierung der als Nahrung aufgenommenen Energie erreicht werden – Der Bedarf an Essen ist individuell unterschiedlich und die Ernährung muss nach der Abnahme

diesem angepasst werden.

Essen muss satt machen.

Essen muss Spaß machen.

Essen darf kein Ersatz für psychische Defizite sein.

Die „neue" Lebensweise darf keine Einschränkung der Lebensqualität bedeuten.

Die „Grundgesetze"

Präambel

Die Beachtung der „Grundgesetze", sind Voraussetzung für eine spürbare Gewichtsreduzierung und Aufrechterhaltung des reduzierten Gewichts. Bei dem Begriff Gewicht ist ausschließlich das überflüssige Gewicht in Form von Körperfett gemeint. Sie können theoretisch - Männer würden sich auf Grund ihrer Physiologie wesentlich leichter tun - Körperfett soweit abbauen und Muskelmasse gleichzeitig so weit aufbauen, dass Sie kein Gramm abnehmen – wohlgemerkt theoretisch.

Betrachten sie die „Grundgesetze" nicht wie die „10 Gebote" vom Berg Sinai, aber nehmen Sie sie ernst, sehr ernst. Die Gesetzmäßigkeiten, die ihnen zugrunde liegen, sind Teil der Natur, der Schöpfung, und in unserem Erkenntnisrahmen nicht veränderbar. Einer Missachtung der Gesetze wird nicht gleich die Strafe Gottes oder der irdischen Gerichtsbarkeit folgen. Sie selbst werden sich bestrafen, denn in diesem Falle sind sie Polizei, Richter und Gefängniswärter in einer Person, und das Gefängnis ist nichts Geringeres als Ihr eigener Körper.

Die Grundgesetze

1 Lernen Sie Ihren Körper kennen.

2 Beobachten Sie Ihre Gewohnheiten

3 Überprüfen Sie Ihre Motivation

4 Vermeiden Sie Diätlügen

5 Misstrauen Sie Heilsversprechungen

6 Setzen Sie sich ein realistisches Ziel

7 Wählen Sie einen Weg

8 Bringen Sie Bewegung in Ihr Leben

9 Entrümpeln Sie Küche und Keller

10 Vermeiden und bekämpfen Sie Frust und Stress

11 Essen Sie nicht spontan, sondern nach Plan

Die Nachsorge

12 Kontrollieren Sie Ihren Erfolg

13 Freuen Sie sich über Erfolge

14 Bleiben Sie dran

In den folgenden Kapiteln werden Sie die Kommentierungen zu den einfach formulierten Grundgesetzen finden. Je nach Komplexität fallen Sie natürlich unterschiedlich lang aus. Dies hat aber nichts mit ihrer Wichtigkeit zu schaffen, nur, dass sich manches leichter erschließt, selbst erläuternd ist, und manches eben leider nicht. Die Kommentierung muss auch manchmal etwas hin und her springen, wenn sich Inhaltsbereiche überschneiden; z. B. (Ideal-) Gewicht–Körperfett.

Bei Sachverhalten, die detailreich sind oder Berechnungen mit unhandlichen Formeln erfordern, werden Sie in den Kommentaren die Verweise auf den Anhang (Bonus-Material) finden. Bei den Angaben zur Wärme-Energiemenge haben wir uns auf den alten Standard „Kalorie" beschränkt, der eigentlich Kilokalorie heißen müsste. Die internationale Definition für Wärmeenergie legte zwar Joule als Maßeinheit fest, aber die alte „Kalorie" ist nicht aus den Köpfen zu vertreiben gewesen, und die EU musste sie weiter offiziell existieren lassen. In den USA stand sie nie zur Diskussion als Angabe bei der Nahrung. Als Umrechnungsfaktor ist von der Internationalen Union für Ernährungswissenschaften beschlossen worden, dass eine mittlere Kalorie einen Wert von 4,182 Joule hat. In der EU müssen beide Werte angegeben werden, üblicherweise als Kilokalorie (kcal) = „Kalorie" und Kilojoule (kJ).

Lernen Sie Ihren Körper kennen – Körper und Gewicht

Die persönlichen Voraussetzungen

Zielsetzung dieses E-Books ist eine deutliche und einfach zu praktizierende Gewichtsabnahme zu unterstützen. Verdeutlicht werden die Hintergründe, Verständnisprobleme, Rahmenbedingungen, Zielsetzungen und Grenzen.

Es ist möglich, innerhalb von 4 Wochen bis zu 10 Kilo abzunehmen, aber nicht mehr völlig ohne Risiko! Deshalb ist es sehr wichtig, dass Sie sich Einiges von Anfang an bewusstmachen, dass Sie sich folgende grundsätzlichen Fragen stellen:

1) Wollen Sie, aus welchen Gründen auch immer, sehr schnell abnehmen, ohne zu bedenken, wie es nach dem Abnehmen weitergehen soll?

2) Wollen Sie, nach unseren Ratschlägen, die Schritte unternehmen, die Ihnen gesundes zügiges Abnehmen erlauben und den Erhalt Ihrer Traumfigur sichern?

Wenn Sie JA zu Punkt 2 sagen, dann beginnen Sie mit dem ersten Schritt: Lernen Sie Ihren Körper kennen!

Wie steht es um Ihre Gesundheit?

Sie wollen abnehmen und dabei Ihre Gesundheit nicht gefährden? Dann lassen Sie sich zuerst auf Herz und Nieren durchchecken, dann machen Sie Ihren persönlichen, medizinischen TÜV. Die Rücksprache mit Ihrem Arzt ist immer eine gute Idee, wenn es darum geht, Entscheidungen über Diäten zu treffen, vor allem, wenn es mit dem Gewichtsverlust zügig gehen soll. Ihr Arzt kann Ihnen eine Orientierungshilfe bieten, welche Schritte Sie gehen dürfen und vor allem welche nicht. Denn die Vorschläge in den weiteren Kapiteln und Kapitelabschnitten werden Ihnen zeigen, dass es nicht nur einen Pfad zum

Gipfel gibt. Sie werden mehrere Wegweiser finden, die Ihnen helfen, den richtigen Schwierigkeitsgrad zu wählen. Sie brauchen also keine Angst haben, der Arzt könnte etwas herausfinden, das Ihre Pläne durchkreuzen würde.

Stellen Sie sich begleitend zum Gesundheitscheck, der so oder so nicht schaden kann, folgende elementare Frage:

Wovon träumen Sie? Wie sieht Ihre Traumfigur aus?

Wollen Sie einfach „nur" einen gesunden Körper, in dem Sie sich wohlfühlen? Wollen Sie sportlicher werden als Ziel und nicht als Zweck und fühlen sich durch Ihr Übergewicht beeinträchtigt, behindert?

Entspricht ein „normaler" Körper Ihrer Traumfigur oder wollen Sie mehr Ausstrahlung durch einen schöneren Körper erzielen? Wollen Sie einer prominenten Gestalt der Öffentlichkeit, des Show Business oder des internationalen Films nacheifern? Wollen Sie einen athletischen Körper bekommen, an dem es kein überflüssiges Gramm Fett, sondern nur Muskeln gibt?

Der Körper und der Schönheitsbegriff

Dies sei eine kleine Warnung. Äußere Schönheit gehorcht wechselnden Moden. Schönheitsideale unterliegen keinem universellen Gesetz sondern bestenfalls sozialen Zwängen. Schön ist, was eine Gesellschaft, eine Kultur durch zentrale Vorbilder und allgemeinen Konsens als schön empfindet. Kurz skizziert sah die Geschichte der körperlichen „Schönheit" in den letzten Jahrhunderten so aus:

Zu Beginn der Neuzeit entsprachen schlanke Menschen dem Schönheitsideal bis es zu einer sogenannten „Kleinen Eiszeit" kam. Im 17. Jahrhundert war daraufhin das, was wir heute Übergewicht nennen, ein Schönheitsideal, die

Rubensfigur das Ziel des Strebens. Vom Empire bis zur Zeit nach dem Ersten Weltkrieg waren zerbrechlich wirkende, überschlanke Frauen ein Wunschbild,

das die Traumfigur repräsentierte, während Männer stattlich zu erscheinen hatten, wie man es euphemistisch umschrieb. Dazwischen lag das sogenannte viktorianische Zeitalter, in dem das matronenhafte Erscheinungsbild der englischen Königin ebenso positiv empfunden wurde, wie das Aussehen der Kaiserin Maria Theresia im Jahrhundert davor.

Nach den Hungerjahren der ersten modernen Weltwirtschaftskrise, nach der „Great Depression" in den USA und der großen Arbeitslosigkeit in Deutschland und den sehr mageren Jahren nach dem Zweiten Weltkrieg hierzulande, waren weibliche Formen wieder gefragt. Während des Wirtschaftswunders hatten internationale Stars wie Marilyn Monroe und Anita Eckberg jene üppigen Traumfiguren, die alles andere als schlank bezeichnet werden konnten. Jetzt würde man sagen, dass diese „Sexbomben" leicht übergewichtig waren.

Heute ahmen junge Frauen das Ideal des wandelnden Hungerhakens nach und setzen deshalb für den Rest ihres Lebens ihre Gesundheit aufs Spiel. Für sie ist die Traumfigur eigentlich eine Nicht-Figur. Hier ist das Ideal plötzlich ein faktisch schon gefährliches Untergewicht. Dabei zeigen international gefragte Modelle bereits wieder etwas von der „bella figura", der schönen, leicht gerundeten Form des weiblichen Körpers. Allgemein herrscht in unserer westlichen Überflussgesellschaft aber immer nach einem gewissen Schlankheitswahn neben dem verbreiteten Jugendwahn, bis in die Chefetagen der Politik und Wirtschaft. Doch es ist Ihre persönliche Entscheidung, was Sie unter einer Traumfigur verstehen, welche Vorbilder Sie haben. Ihre Traumfigur sollte aber durch einen gesunden Körper geprägt sein, und der Weg dorthin darf Ihre Gesundheit nicht gefährden.

Doch was ist überhaupt gesund bezüglich des Körpers, des Körpergewichts? Ohne diesen Rahmen zu kennen, der unabhängig von Zeitgeschmack und Mode definiert werden kann, würde Ihre Traumfigur durch einen zu hohen Preis bezahlt werden.

Was heißt eigentlich Übergewicht?

Jede Person, die abnehmen will, nimmt an, dass sie Übergewicht hat und ist sich dessen in aller Regel auch bewusst. Man macht sogar Witze darüber. Man ist halt für sein Gewicht nicht groß genug gewachsen.

„Wuchtbrummen" nennen sich „Starke Frauen", während ihre Gelenke von der Lendenwirbelsäule abwärts anfangen, sich unter dem Gewicht vorzeitig zu verschleißen. Künstliche Hüftgelenke und Kniegelenke aus teuren Legierungen sind für die Krankenkassen ein Finanzproblem, für den Träger aber eine dauerhafte körperliche Einschränkung, die meist Folgeoperationen nach sich zieht. Unter Männern kursiert der Spruch: „Ein Mann ohne Bauch ist ein Krüppel". Andere Sprüche wie „Rund, na und!" lenken ebenfalls vom Kernthema, dem falschen Gewicht ab. Magersüchtige dagegen bilden sich ein, immer noch zu dick zu sein, und müssen Kosten erzeugend zu „ihrem Glück gezwungen werden". Wie sieht also die Definition eines gesunden Gewichtes aus? Was kann falsch sein?

Die Antwort ergibt sich aus der Frage nach der Lebenserwartung. Statistiker im Krankenkassenwesen haben entdeckt, dass es einen Zusammenhang zwischen Körpergewicht und Lebenserwartung ohne große gesundheitliche Einschränkungen geben muss. Dies war eine statistische Erkenntnis, nicht eine individuelle. Als Idealgewicht wurde folgende bekannte, einfache Formel entwickelt: Normalgewicht minus 10 Prozent bei Männern und minus 15 Prozent. Das Normalgewicht in Kilo wurde aus der Körpergröße in Zentimetern abzüglich 100 berechnet, unabhängig vom Geschlecht. Nach einer heutigen, verbesserten Auswertung ergibt sich aber, dass in Hinsicht auf die Lebenserwartung das so berechnete Normalgewicht gesünder ist als das Idealgewicht. Ein leichte Überschreitung um rund 10 Prozent wäre sogar das noch günstigere „Normalgewicht", also Körpergröße abzüglich 100 plus 10 Prozent (!). Dieser statistisch bestimmte Gewichtsrahmen stimmt mit dem individuell empfundenen Wohlfühlgewicht recht gut und weitreichend überein. Überschreitet das Realgewicht das so ermittelte Normalgewicht aber um mehr als 20 Prozent, muss in aller Regel mit gesundheitlichen Beeinträchtigungen und Schäden gerechnet werden. Die nach ihrem mutmaßlichen Entdecker, dem französischen Arzt und Anthropologen Pierre Paul Broca, auch Broca-

Index genannte Faustformel wird heute weitgehend, und etwas zu Unrecht, als veraltet abgelehnt.

An die Stelle dieser einfachen, für jedermann nutzbaren Faustformel trat der neumodische BMI, der Body-Mass-Index, der den Rahmen zur Beurteilung eines gesunden Normalgewichts abgeben soll. Er wurde zwar schon im 19. Jahrhundert durch den belgischen Statistiker Adolphe Quételet entwickelt aber erst durch amerikanische Publikationen in den 70ern des 20. Jahrhunderts zu einer Modeerscheinung. Denn die Formel ist zwar komplizierter und vermeintlich zuverlässiger, hat aber einen ähnlichen gravierenden Fehler wie der einfache Broca-Index: Der individuelle Körperbau und das Verhältnis von Muskelmasse zu Körpergewicht werden nicht wirklich berücksichtigt. Ohne Tabelle ist der BMI außerdem ziemlich wertlos, da der Index nicht linear verläuft. Die Zahl, die sich ergibt, wenn man das Körpergewicht in Kilo durch die Körpergröße in Metern im Quadrat teilt, muss noch interpretiert werden. Daran verdienen viele Anbieter von Büchern, Herstellern von BMI-Waagen oder BMI „kontrollierten" Kurmaßnahmen. (Im Bonus-Teil finden Sie die URLs zu kostenlosen interaktiven BMI-Rechner. bzw. downloadbarer Software.)

Gespeichertes Körperfett – Das eigentliche Übergewicht

Wir haben bereits darauf hingewiesen, dass der BMI zwar weit verbreitet ist, für Gesundheitsstatistiker ein wertvolles Instrument darstellt, aber auf persönliche Eigenheiten keine Rücksicht nimmt. Einem sehr muskulösen Mann können überhöhte BMI-Werte ebenso falsche Signale zum Abnehmen vermitteln, wie zu niedrige Werte einen Couch Potato zu Unrecht beruhigen können. Es ist umso erstaunlicher, dass eine bessere Berechnung für die Beurteilung der körperlichen Gesundheit, die noch dazu wesentlich einfacher ist, kaum propagiert wird, nämlich das Verhältnis von Körperumfang zur Körpergröße. International nennt man diese Formel die WHtR-Kennziffer (Waist-toheight- ratio). Die WHtR-Formel berücksichtigt Teile der Proportionen des individuellen Körperbaues und damit auch des Körperfettanteils. Die Formel ist äußerst simpel. Der zweifache Körperumfang auf Höhe der Taille in

Zentimetern (2 x W) wird durch die Körpergröße in Zentimetern (Ht) geteilt. Der Normalwert sollte sich um 1 bewegen und nicht überschreiten. Ab 40 Jahren darf er etwas steigen, aber auch über 50 Jahren nicht wesentlich über 1,2 hinausgehen. Das kann man sich einfach merken. Kombinieren Sie das nun mit der Broca-Formel, bekommen Sie zwei brauchbare Anhaltspunkte für

eine gesunde Körpererscheinung. Dafür benötigt man weder umständliche Tabellen noch mehr als eine übliche Badezimmerwaage und ein Maßband. Jeansträger kennen ihr W-Wert ohnehin schon (W cm = W inches x 2,54), und die Körpergröße kennt man in der Regel auch. Die Ht ändert sich langsamer als der W-Wert.

[Die WhtR darf nicht mit der WHR verwechselt werden, der Waist-to-hip Ratio. Das Taille-Hüft Verhältnis sagt nur indirekt etwas über die Gesundheit aus. Sie wird, vor allem bei Frauen, als „Attraktivitäts"- Formel verwendet – Stichwort „Sanduhr-Figur". Laut der DGSP (Deutscher Sportärztebund) sollte der Wert bei Frauen 0,8 und bei Männern 0,9 nicht überschreiten. Werte über 0,85 bzw. 1,0 deuten auf Fettleibigkeit (Adipositas) hin und legen den Rat zum Abnehmen nahe.] Zugegeben, auch die WHtR-Formel ist nicht perfekt. Optimal wären die Messung des Körperfettanteils in Kombination mit der Bestimmung der Körperfettverteilung. Dazu wären aber äußerst aufwendige Untersuchungen notwendig. Aber die WHtR berücksichtigt sowohl den Körperbau zumindest teilweise und den Körperbereich, unter dem sich die gefährlichsten Fettanteile ablagern, den Bauchraum. Das innere Bauchfett – das intraabdominale Fett, wie Mediziner das fachmännisch beschreiben – ist besonders stark an den Stoffwechsel des Körpers angebunden und bei Übergewicht gefährlich. Das Bauchfett wird jedoch durch die WHtR proportional berücksichtigt.

Das überschüssige Körperfett ist also der eigentliche Risikofaktor, nicht ein vermeintliches Übergewicht, das bei gleicher Menge individuell interpretiert werden muss. Es gibt einfache Näherungsformeln, um das Körperfett zu errechnen, unter denen die Methode der US-Amerikanischen Marine am einfachsten ist. Für sie benötigt man neben der Körpergröße den Bauchumfang auf Höhe des Nabels und die Kragenweite, entsprechend einem locker getragenen Hemd. Da die Formel mit Logarithmen arbeitet, empfiehlt sich ein interaktiver Rechner. (Siehe Bonus-Material, bblex.de). Bei der

Bewertung des Körperfett-Index' sollte außerdem ein Rahmen für bestimmte ethnische Gruppen berücksichtigt werden, da es genetisch bedingte unterschiedliche Knochendichten gibt. Die im Handel und auf (Spezial-) Messen angepriesenen Körperfett-Messgeräte, insbesondere Körperfett

Waagen, gelten als unzuverlässig, allen Anpreisungen zum Trotz. Experten, auch von Krankenkassen, raten davon ab, sich auf derlei Geräte zu verlassen. Die Deutsche Sporthochschule Köln empfiehlt ganz einfach den Gang zum (Sport-) Arzt.

[Zum gesundheitlichen Aspekt des Körperfettanteils siehe auch weiter

unten im nächsten Kapitel.]

Lernen Sie Ihren Körper kennen - Nahrungsbedarf und Fettspeicher

Der Energieverbrauch – die leidigen Kalorien

Während die Berechnung des gesundheitsbezogenen Idealgewichts relativ einfach erscheint, wird es mit dem Kalorienumsatz etwas kompliziert. Ohne eine Energiebedarfsrechnung kommen Sie zu keinen vernünftigen Ergebnissen. Die Berechnungen erfolgen aber nach verschiedenen Näherungsformeln, weshalb sie nur als Grundinformation dienen können. (Im Anhang, dem Bonusbuch, finden Sie Internet Adressen für interaktive Rechner und downloadbare Software.) Hier nur einige Durchschnittswerte als Anhalt nach der modifizierten Harris-Benedict Formel, die bereits 1919 veröffentlicht wurde.

Eine Frau von 35 Jahren hat bei einer Körpergröße von 165 Zentimetern und einem Gewicht von 75 Kilo einen Grundumsatz von 2.300 Kalorien. Der Grundumsatz ist der Energiebedarf der beim Schlafen oder Sitzen nur durch die Aufrechterhaltung der Körperfunktionen erforderlich ist. Mit einberechnet ist die notwendige Energie, die durch die Nahrungsaufnahme und -verwertung

benötigt wird. Durch eine leichte Tätigkeit, ergänzt durch eine halbe Stunde Gehen und eine Stunde Radfahren erhöht sich der Energieumsatz um 450 Kalorien auf 2.750 Kalorien. Wäre dieselbe Frau 20 Jahre älter und um 5 Kilo zugenommen haben, würde sie wegen des verringerten Grundumsatzes nur noch 2.700 Kalorien verbrauchen.

Ein Mann von 40 Jahren würde bei 175 Zentimeter Körpergröße und 85 Kilo Gewicht bei ähnlicher Tätigkeit 3.200 Kalorien benötigen. Würde er schwere Arbeit annehmen oder sportlich sehr aktiv werden, könnte er seinen Kalorien-Bedarf um rund 1.000 auf 3.200 Kalorien erhöhen, die fiktive 35jährige Frau dagegen nur um 900 Kalorien auf 3.650 Kalorien. Aus diesen Beispielen ergibt sich bei den späteren Diätangaben ein Anhaltspunkt für den Rahmen, in dem sich eine Diät bewegen kann.

Körperfett – Relevanz und Diät

Eine Gewichtsreduzierung durch Diät und ohne chirurgischen Eingriff ist, einfach ausgedrückt, die Beseitigung des depositorischen Fettes. Der Körper lagert Fett, das er nicht zum Lebenserhalt braucht als Fett ein. Zum reinen Lebenserhalt braucht der Körper nur 2 – 6 Prozent seines Gewichts beim Mann und 10 bis 13 Prozent bei Frauen als Fett-Polster, vor allem als Schutz für seine Organe. Er legt aber für „schlechte Zeiten" ein Depot an. Mit einem durchschnittlichen Depot kann ein Erwachsener ohne weitere Nahrungsaufnahme rund 40 Tage überleben. Dies ist von der Natur so vorgesehen und war Zehntausende von Jahren von Vorteil für den Erhalt der Menschheit. Da Frauen für das Gebären und für die Grundversorgung der Kinder zuständig waren und auch noch sind, hat ihnen die Natur eine verstärkte Fähigkeit zur Speicherung von Fett mit auf den Weg gegeben – einer der Gründe für ihre höhere Lebenserwartung.

Die Durchschnittswerte steigen mit dem Alter, da der Anteil der Muskeln, der sogenannten Magermasse, allmählich sinkt. Als gut gelten bei Frauen in

jungen Jahren um 20 Prozent. Der Anteil darf sich bei Frauen über 50 Jahren auf 25 Prozent erhöhen. Als kritisch gelten Werte gegen 30 Prozent (jung) und über 30 Prozent (reif). Männer sollten deutlich weniger Körperfettanteile haben. Als gute Werte gelten um 15 Prozent (jung) bis um 20 Prozent (reif). Kritisch dagegen sind Werte über 20 Prozent bzw. über 25 Prozent. Dies sind Anhaltswerte für Eurasier (Kaukasier), also auch Mitteleuropäer. (Zur Näherungsbestimmung des Körperfettanteils, siehe oben sowie Anhang.) Als Alarmzeichen werden die Größen des Bauchumfangs bei durchschnittlicher Körpergröße gesehen. Die Grenzwerte werden mit rund 90 Zentimetern bei Frauen und über 100 Zentimetern bei Männern angegeben.

Heute ist, bei einer ungefährdeten Grundversorgung an Nahrungsmitteln, die Einlagerung von depositorischem Fett zu einem Problem und zu einem persönlichen und auch gesellschaftlichen Nachteil geworden. An dieser grundsätzlich positiven Fähigkeit scheitert so oft der Traum von einer Traumfigur. Wir wollen Ihnen deshalb nicht nur helfen, eine deutliche bis drastische Gewichtsreduzierung zu erreichen, sondern für Sie diesen Weg Ihren spezifischen Bedürfnissen anpassen.

Obwohl der Reiz eines ultra-schnellen Gewichtsverlusts groß ist, raten wir Ihnen davon dringend ab. Ein durch Werbemaßnahmen propagandierter Diätplan, wie etwa „10 Pfund in drei Tagen", ist gesundheitlich äußerst riskant. Für einen „Normalverbraucher" ist er sogar unmöglich. Vor allem wird er aber zu keinem dauerhaften Erfolg führen.

Wie funktioniert eine übergewichtsrelevante Diät?

Es gibt dabei nur zwei Grundüberlegungen. Diät, und wir sprechen hier nicht von Maßnahmen wegen internistischen Gesundheitsproblemen, ist die wichtigste Möglichkeit, überschüssiges Körperfett, jenes depositorische Fett, los zu werden. Das geschieht entweder durch Verringerung der Kalorienzufuhr oder durch Erhöhung des Kalorienumsatzes bei gleichbleibender Zufuhr und natürlich durch eine Kombination beider Maßnahmen. In einfachen Worten: Weniger essen und mehr tun. Der Körper wird dadurch gezwungen das

gespeicherte Fett wie in einer Notsituation zu verbrauchen. Vorübergehender Gewichtsverlust durch Wasserverlust ist keine Reduzierung des Übergewichts. Jede andere, vor allem spontane Gewichtsabnahme bedeutet in seltenen Fällen eine schwere Krankheit, die die Organe betrifft bzw. auf Muskelschwund hindeutet.

Doch hier beginnt auch das Problem. Am Anfang des Kapitels wurden typische Ausgangssituationen des Kalorienverbrauchs dargestellt. Eine einfache Rechnung zeigt nun: Ein Kilo Körperfett zu verbrauchen, also zu verbrennen, bedeutet, rund 8.000 Kalorien aufzuzehren, denn man berechnet den Brennwert eines Kilos Körperfett zwischen 7.500 und 9.000 Kalorien. Einen solchen täglichen Bedarf haben jedoch die mit Abstand wenigsten Menschen. Selbst wenn Sie außer Wasser nichts zu sich nehmen, haben Sie keine Möglichkeit, eine Wunderdiät durchzuführen und in drei Tagen vier bis fünf Kilo oder sogar noch mehr abzunehmen. Sollte Ihnen die Waage etwas anderes sagen, dann haben Sie kurzfristig sehr viel gestautes Wasser aus der Gewebeflüssigkeit verloren. Ein paar Tage nach der Blitzkur (Crash diet) nehmen Sie bereits wieder zu, zuerst durch den Ausgleich des Wasserverlustes und dann wegen des gestillten Heißhungers.

Realistisch gesehen können Sie bei Beachtung gewisser Sicherheitsmaßnahmen Ihren Tagesbedarf ziemlich unbedenklich auf 1.000 bis 1.200 Kalorien senken. Grob gerechnet nehmen Sie als Frau dann durchschnittlich 1 (!) Kilo pro Woche ab. Wenn Sie gleichzeitig Ihren Bedarf durch Aktivität steigern, sind 1,5 Kilo pro Woche ohne Gesundheitsschaden möglich. Sehr viel mehr sollten Sie aber auch als Mann wegen des erhöhten Grundbedarfs nicht erreichen wollen. Wenn Sie nach einer Vorbereitungswoche eine ärztlich betreute Woche der Nulldiät einschieben, sind noch mal zusätzlich 1 bis 1,5 Kilo erreichbar. Das hieße: Eine Gewichtsabnahme um 6 bis maximal 8 Kilo in einem Monat. Wäre das nicht ein vernünftiges Ziel? Männer könnten mit entsprechender Willenskraft auch die angedeuteten 10 Kilo verlieren.

Doch nun kommt die Gretchenfrage. Wollen Sie sich quälen oder die Sache in Ruhe angehen? Wie gehen Sie am besten nach Ihren Bedürfnissen vor, und wie können Sie schließlich Ihre Traumfigur behalten? Der nächste Schritt verlangt, Ihre Gepflogenheiten beim Essen und Trinken zu studieren, ihre Gewohnheiten zu untersuchen.

Beobachten Sie Ihre Gewohnheiten

Bewusstes und Unbewusstes

Damit Sie Ihr Verhalten, Ihre Essgewohnheit besser verstehen, müssen Sie ein (Essens-) Tagebuch anlegen. Verwenden Sie am besten eine China-Kladde DIN A 6 und beginnen Ihre täglichen Aufzeichnungen immer auf einer linken, unbeschriebenen Seite. Notieren Sie einfach alle Speisen und Getränke, die Sie zu sich genommen haben, aber möglichst wirklich alle, und die Uhrzeit. Ergänzen Sie dieses Verbrauchs-Tagebuch um Ihre körperlichen Aktivitäten, die über das Allernötigste hinausgehen. Notieren Sie die Dauer der Aktivitäten, und beachten Sie eine Aufgabe besonders: Halten Sie dieses Tagebuch in Reichweite, nehmen Sie es mit und machen Sie Ihre Notizen nicht aus dem Gedächtnis, auch wenn Sie dafür belächelt werden. Das mag zwar anfangs aufwändig erscheinen und viel Disziplin verlangen. Sie werden später dankbar dafür sein, wenn Sie herausfinden, wo Sie problemlos Konsum streichen und Aktivitäten vermehren können.

Sie brauchen vor dem Beginn der Diät, vor dem konkreten Abnehmen, noch nicht mit dem Kalorienzählen beginnen, sich noch nicht um Ballaststoffe und Gesundheitsfaktoren kümmern. Sie können sich natürlich schon mal kundig machen. Besorgen Sie sich eine Kalorien-Tabelle, eine Nahrungsmittelkunde oder schauen Sie sich im Internet um. (Empfehlungen finden Sie im Anhang.)

Wenn Sie Ihr Essens-Tagebuch mit dem Computer führen wollen, dann nur anhand der handschriftlichen Aufzeichnungen. Sie werden kaum ein Notebook ständig mit sich herumschleppen wollen, und auch ein Netbook wiegt gut ein Kilo extra. Auf dem Computer empfiehlt sich der Aufbau einer Excel-Tabelle,

die ständig ergänzt oder verändert werden kann. Später können Sie diese bei Bedarf zu Ihrem persönlichen Kalorien-Rechner ausbauen. (Hinweise zu Downloadprogramme beim Bonus Material)

Das Studium der eigenen Gewohnheiten ist die wichtigste Maßnahme, Ihr Bewusstsein zu schärfen, und der Aufbau dieses Bewusstseins ist der Kern dieser „Grundgesetze". Mit einem konsequent geführten Ernährungstagebuch werden Ihnen einige Verhaltensmuster auffallen, die Sie sich unbewusst zugelegt haben. Es wird Ihnen ähnlich ergehen wie einem Patienten, der ein Schmerztagebuch führt. Sie werden Zusammenhänge in Ihrem Leben entdecken, die Sie verblüffen können. Diese Verhaltensmuster sind Ihre ganz persönlichen Muster. So wie Schmerztagebücher im Vergleich zeigen, dass ein Patient bei der gleichen Grundvoraussetzung Kopfschmerzen bekommt, bei denen ein anderer sie loswird, so verblüffen auch Vergleiche bei Essgewohnheiten.

Die eine Person nimmt bei unregelmäßigem Essen ab, eine andere zu. Letzteres erklärt sich zumeist dadurch, dass der eine Proband nur seinem natürlichen Hunger- und Sättigungs-Empfinden folgt, der andere aber die Kontrolle über die Essensmengen verliert. Doch machen Sie sich bei allen Beobachtungen immer wieder bewusst, dass Sie als Übergewichtiger a priori kein Patient sind. Übergewicht an sich ist, von sehr wenigen Ausnahmen abgesehen, keine Krankheit, kann aber Krankheiten und chronische Erkrankungen nach sich ziehen. Sie sind nach wie vor die handelnde Person und nicht die zu behandelnde.

Dies ist der Wegweiser zu den Wegen und Seitenwegen, ihre Traumfigur zu erreichen und zu behalten. Dies können Sie ruhig wörtlich nehmen. Bleiben Sie in jeder Hinsicht auf einem Weg, bleiben Sie beweglich. Wer ständig körperlich unterwegs, in Bewegung ist, bleibt nicht nur schlanker, sondern lebt auch gesünder. Bei Männern könnte man trivial anmerken: „Ein guter Gockel wird nicht fett".

Die großen Feinde der Gesundheit, der Traumfigur, ja des ganzen Lebens sind unbewusste schädliche Verhaltensmuster, körperliche und geistige

Unbeweglichkeit und die Trägheit, diese erkennen und überwinden zu wollen. Die meisten Menschen sind sich darüber hinaus überhaupt nicht wirklich

bewusst, was sie ihrem Körper an angeblich Gesundem und wirklich Ungesundem zumuten. Mit Ihrem Essens-Tagebuch werden Sie Erstaunliches herausfinden. Hier gilt dann der alte Grundsatz: Gefahr erkannt, Gefahr gebannt.

Überprüfen Sie Ihre Motivation

Eine der wichtigen Fragen ist nun, warum Sie, Sie persönlich abnehmen

wollen.

Wollen Sie überschüssige Pfunde loswerden, weil Ihnen eine bestimmte Vorstellung einer Traumfigur vorschwebt? Wollen Sie abnehmen, weil Sie sich augenblicklich zu dick, zu unbeweglich, zu ungesund fühlen? Machen Sie sich Gedanken, wie es weiter gehen soll, nachdem Sie ein bestimmtes Gewicht erreicht haben? Können Sie Ihre Figur schon als Traumfigur sehen, wenn Sie ein „Normalgewicht" erreicht haben? Ist das Abnehmen ein momentanes Ziel oder ist es Teil der Umstellung Ihrer Lebensführung? Wollen Sie auf jeden Fall mal vorerst ein Bikini-Figur für den Sommerurlaub bekommen, beim nächsten Festakt /Theaterbesuch / Firmenball usw. eine „gute Figur machen" und dann irgendwie weitersehen?

Ihr Erscheinungsbild als Motivation

Sind Sie sehr modebewusst? Richten Sie Ihr Erscheinungsbild und Ihr Auftreten in der Öffentlichkeit an Prominenten und Celebrities aus. Können Sie eine Spur von Eitelkeit nicht verneinen? Steht für Ihren Wunsch abzunehmen

die Traumfigur im Vordergrund und weniger eine Figur, die Gesundheit als eigentlichen Traum signalisiert? Dann besteht bei Ihnen eine gewisse Gefahr, dass Sie ohne jede Mühe, ohne Bewusstseinsgestaltung und ohne Nachhaltigkeit Gewicht verlieren wollen.

Dann besteht bei Ihnen auch die Gefahr, dass Sie einer Scharlatanerie, einem Wundermittel, einem Diät-Guru, einer Mode-Diät, einer chirurgischen Methode zum Opfer fallen. Natürlich ist es einfacher, gleichsam im Schlaf oder unter der Narkose auf dem OP-Tisch Pfunde zu verlieren. Das erstrebenswerte Erscheinungsbild in den Vordergrund zu stellen, hat jedoch einen ziemlich großen Haken. Sie betrügen sich und Ihren Körper selbst, und er wird sich eines Tages rächen. Er wird sich in einer Form und an einer Stelle zurück melden, wo Sie es am wenigsten erwartet haben. Das ist eine einfache aber bittere Erfahrung, die Andere schon gemacht haben.

Die besten SchauspielerInnen waren nachahmenswert, weil Ihre Haltung sie zu dem gemacht hatte, was sie wurden. Alle Hilfsmittel, Medikamente, Drogen und Operationen haben sich irgendwann gerächt. Haben Sie die drogentoten Stars und SelbstmörderInnen aus der Welt des schönen Scheins schon vergessen, die alternden Diven, die fast nur noch in Kliniken lebten, die nach kurzem Ruhm Vergessenen und Abgestürzten? Wollen Sie einer kurzen Phase des äußerlichen Erfolgs alles andere opfern?

Können Sie, nachdem Sie Ihre Gewohnheiten bereits studiert haben, daraus eine Motivation ableiten, Ihr Leben zu verändern? Wollen Sie von vorne herein das Ergebnis ihrer Diät beibehalten und nachhaltig schlanker bleiben? Dann kommen Sie um den Begriff der Nachhaltigkeit nicht herum.

Die Nachhaltigkeit

Bevor wir Ihnen weitere Möglichkeiten vorschlagen, Ihren persönlichen Weg zur Traumfigur zu gehen, muss noch einmal der Begriff der Nachhaltigkeit

behandelt werden. Ohne die Nachhaltigkeit einer Diät werden Sie eines Tages erschreckt feststellen müssen, dass nach einigen Jojo-Sprüngen Ihr Endgewicht über dem liegt, bei dem Sie angefangen haben, abzunehmen. Die Nachhaltigkeit muss in Ihrem Bewusstsein ebenso verankert sein, wie der Wunsch abzunehmen. Je intensiver Sie sich mit dem Gedanken an den Gewichtsverlust, an die Lebensgestaltung und auch an die gelegentliche Mühsal des Weges befassen, umso leichter wird es Ihnen fallen, den einmal beschrittenen Weg beizubehalten. Damit Sie aber noch vertrauter mit dem Begriff „Nachhaltigkeit" werden, müssen Sie sich Wege und Beispiele ansehen, die das Gegenteil beinhalten, die beinahe mit Garantie zu keinem dauerhaften Erfolg führen werden, weil Bewusstsein und Motivation unterentwickelt sind

Der schnelle „Erfolg"

Wer schnell und mühelos abnehmen will, hat sich gedanklich noch gar nicht wirklich damit befasst, wie und ob er überhaupt schlank bleiben will. Schlank muss nicht dünn heißen. Schlank ist, wer eine seinem Alter angemessene normale Figur besitzt. Das kann nicht oft genug betont werden. Wenn Sie nach Erreichen dieses Ziels noch ein paar Pfunde in aller Ruhe abnehmen möchten, gefährdet dies die Nachhaltigkeit nicht. Vom ausschließlich gesundheitlichen Standpunkt bringt weiteres Abnehmen keinen zusätzlichen Nutzen mehr. Dann befriedigt es lediglich die Sehnsucht nach einem aktuellen Schönheitsideal, nach der Erfüllung ästhetischer Vorstellungen. Geben Sie sich als reifere Frau nicht dem Aberglauben hin, Ihr Mann würde Sie nur dann nicht zugunsten einer jüngeren Frau verlassen, wenn Sie in seinen Augen schlank genug wären. Im Zweifelsfall ist Jugend nur durch Jugend zu schlagen und nicht durch äußere Attribute. Verzweifeln Sie als Mann nicht, dass der Waschbrettbauch, der in Wirklichkeit nie so existierte, wie Sie Ihn gerne gehabt hätten, verschwunden ist. Bei einem reiferen Mann zählen andere

Werte und seien es, zynisch ausgedrückt, die wichtigsten Sexmerkmale – Geld und Macht. Doch allein deshalb wollen Sie auch nicht geliebt werden. Sie müssen dann immer noch die Konkurrenz eines Reicheren oder Einflussreicheren fürchten, der womöglich auch noch jünger ist.

Eine der schnellsten Methoden der Gewichtsabnahme ist die Fettabsaugung, bei der sie mehr Wollen als Willen, mehr Geld als Bewusstsein brauchen. Das Ergebnis ist schnell und überschaubar erreicht. Unmittelbare Nachbehandlungen kommen seltener vor als bei anderen Schönheitsoperationen, aber die Fettabsaugung bleibt ein operativer Eingriff mit den Risiken eines solchen. Sie kann, ebenso wie eine Hautstraffung, nicht beliebig oft wiederholt werden. Die Erfahrung hat vor allem gezeigt, dass der Körper trotz der Entfernung von Fettzellen ohne nachhaltige Lebensführung überschüssiges Fett an anderer, nicht kontrollierbarer Stelle wieder einlagert. Das Körperfett sucht sich ein anderes Depot. Bereits nach drei Monaten kann das Übergewicht ohne Änderung des Verhaltens das des Ausgangsgewicht wieder erreichen, ja sogar übersteigen.

Eine gelegentlich sehr erfolgreiche Methodengruppe wird als Adipositaschirurgie bezeichnet, im Volksmund Magenverkleinerung. Sie ist bei extremem Übergewicht und dem Versagen von konservativen Methoden oft die letzte Möglichkeit. Sie birgt aber nicht nur die Risiken einer Operation in sich, sondern kann auch keine Erfolgsgarantie gewähren. Durch die mechanische Verringerung der Nahrungsmittel-Zufuhr kann der Körper nicht mehr ohne weiteres so viele Kalorien aufnehmen wie vor der Behandlung. Viele Behandelte ohne mentale Kraft und Durchhaltewillen zeigen auch nach der Operation nur wenig oder gar keinen Erfolg. Der verkleinerte Magen kann allein schon dadurch überlistet werden, dass die Nahrungsaufnahme zeitlich ausgedehnt wird oder hochkonzentrierte Nahrungsmittel zum Einsatz kommen.

Nicht bei allen Operierten verringert sich das Hungergefühl ausreichend, und vor allem bei „Patienten", die sich einer solchen Operation nur um der schönheitlichen Gewichtsreduzierung willen unterziehen, verändert sich die Lebensführung nicht. Es ist eine der vielen Illusionen rund um das Abnehmen, dass man nach einer Magenverkleinerung einfach weiterleben könnte wie davor. Die Ernährung muss umgestellt werden. Essentielle Bestandteile müssen erhöht aufgenommen werden. Sonst ist wie beim FdH für den Körper nur eine Mangelernährung gewährleistet, und diese ist bekanntlich ungesund. Die durchschnittliche Erfolgsquote liegt bei bestenfalls 60 Prozent und auch dann nur bei Patienten, deren Übergewicht nicht zu extrem ausgeprägt.

Zu den konservativen Methoden ohne operativen Eingriff, aber auch ohne Nachhaltigkeit, zählen praktisch alle, die man als Crash- oder Blitzdiäten bezeichnet, und solche die medikamentös wirken sollen. Besonders verlockend sind auch Versprechungen, sich schlank schlafen zu können. Eine mechanisch erzwungene Muskelbewegung soll angeblich beim Ausruhen oder im Schlaf die Muskelarbeit stimulieren und dadurch das überschüssige Fett verbrennen. Mehr dazu finden Sie in den Kapiteln mit den Diät-Lügen und Heilsversprechungen.

Verabschieden Sie sich endgültig von der Illusion, wirklich ohne jegliche Mühe abnehmen zu können. Arbeiten Sie am bewussten Umdenken zugunsten einer gesunden Lebensführung im Sinne von Hippokarates. Machen Sie Ihre „Diät" zur Motivation. Umso leichter wird es Ihnen dann fallen, das erreichte Ziel, Ihr Traumgewicht, ihre Traumfigur zu bewahren.

Vermeiden Sie Diätlügen

Diätpläne und Lügen

Auch wenn verantwortungsbewusste Redakteure von seriösen Publikumszeitschriften immer wieder ganze Kataloge von Lügen zum Thema Diät veröffentlichen, und wenn diese Kataloge selbst wieder Unwahrheiten und Ungenauigkeiten enthalten: Das Thema Diät findet in der Öffentlichkeit kein Ende und ein ganzer recht bunter Industriezweig lebt davon.

Hier sollen einige „Lügen" beleuchtet werden, die sich so sehr im Gedankengut des Abnehmwilligen eingenistet haben, dass sie vielfach als Tatsachen angesehen werden.

Münchhausens gesammelte Weisheiten

1) Light-Produkte lassen ihre Pfunde einfach verschwinden.

Falsch: Der Körper lässt sich nur kurz austricksen, ob beim Fett oder bei den sogenannten leeren Kohlehydraten. Niedriger Fettgehalt muss durch Zucker ersetzt werden oder lässt Sie hungrig zurück. Von der fettarmen Butter, die mehr emulgiertes Wasser enthält, nehmen Sie wegen des geringeren Geschmacks mehr und bezahlen dafür auch noch mehr. Zuckerersatzstoffe wecken im Körper Heißhunger nach Süßem. Bei Ernährung ohne Zucker verwandelt der Körper selbst Kohlehydrate in den für die Muskelprozesse wichtigen körpereigenen Zucker. Woher der Körperzucker ursprünglich stammt, ist dem Muskel egal. Überschüssiger Körperzucker wird aber so oder so in Fett verwandelt.

Usw. usw. Nur wer sich strikt an die Vergleichsmengen hält, hat Erfolg

aber dafür weniger Genuss. Warum dann nicht einfach gleich weniger

vom Guten?

2) Die Atkins-Diät hält dauerhaft schlank.

Halbrichtig: Sie und andere „Fettdiäten" mit niedrigem Anteil an Kohlehydraten wirken – irgendwie. Ganz ohne Kohlehydrate kann der Körper nicht auskommen, und ganz ohne Süßes macht die Hungerei keinen Spaß. Atkins ist Weltanschauung, und Weltanschauungen sind so schwer zu beeinflussen wie religiöse Anschauungen.

3) Man muss die Mahlzeiten nur richtig über den Tag verteilen, um

abzunehmen.

Falsch: Dem Körper ist es egal, wann er seine Tages-Ration bekommt. Nur Zufriedenheit und Sättigung werden unterschiedlich wahrgenommen. Weder veränderte Frühstücksgestaltung noch Dinner Cancelling, also das ersatzlose

Streichen des Abendessens, lassen für sich Übergewicht verschwinden. Es ist lediglich ratsam am Abend auf Nahrungsmittel zu verzichten, die zur vermehrten Ausschüttung von Cortisol und Insulin führen (Siehe Anhang). Das bremst die natürliche Fettverbrennung im Schlaf.

4) Drei Mahlzeiten sind besser als eine Verteilung über den Tag.

Halbrichtig: Mit der gleichen Argumentation wie unter 3) spielt die Verteilung für die Energiebilanz keine Rolle. Die Verteilung hat nur etwas mit dem eigenen Empfinden zu tun. Wer bei nur drei Mahlzeiten zwischendurch Attacken von Heißhunger bekommt, sollte besser die Hauptmahlzeiten verringern und kleine sättigende Zwischenmahlzeiten einplanen. Je nach Veranlagung und Gewohnheiten kann pauschal auch nicht behauptet werden, dass ein „richtiges" Frühstück Hunger erzeugt oder bekämpft.

5) Trennkost macht schlank.

Falsch: Die Theorie der Trennkost hat sich ohnehin als wissenschaftlich unhaltbar erwiesen, und Kalorien bleiben Kalorien. Günstig an der Trennkost ist lediglich der allgemeine Gesundheitseffekt, da die Rezeptvorschläge eher kalorienarm und vitaminreich sind. Typische Abendrezepte der Trennkost verringern allerdings die nächtliche Ausschüttung ungünstiger Hormone.

6) Fett macht dick.

Falsch: Überfluss macht dick, das Zuviel, da sich der Körper das Nahrungsmittelangebot nach seinen Bedürfnissen umbaut. Der Umkehrschluss wäre, dass Kohlehydrate schlank machen. Aus Kohlehydraten entsteht Blutzucker. Überschüssiger Blutzucker wird in lagerbares Fett verwandelt, egal ob Brot oder Spagetti die Lieferanten waren. Es ist und bleibt die nicht verwertete Menge. Oder haben Sie Pavarotti, der seine Nudeldiät samt seinem Pastakoch auf Tourneen mitnahm, je schlank gesehen?

7) Eiweißreiche Ernährung macht schlank.

Halbrichtig: Milchprodukte, Geflügelfleisch und Eier sättigen gut und liefern die wertvollen essentiellen Aminosäuren, die der Körper nicht selbst bilden kann. Davon werden aber nur rund 10 Gramm täglich gebraucht. Übermäßiger Eiweißgenuss kann zu Schäden im Kreislaufsystem und in der Niere führen.

8) Die Max Planck Diät wurde von Wissenschaftlern entwickelt.

Falsch: Diese gesundheitsschädigende Blitz-Diät tauchte in den 80ern aus obskurer Quelle auf. Das angeblich federführende Max Planck Institut für Ernährung gibt es überhaupt nicht.

9) Das Wunderobst Ananas verbrennt Fett.

Falsch: Kein Enzym (hier Bromelain, aber auch kein noch so beworbener Fatburner) ist bekannt, das die Magen-Darm-Schleuse unbeschadet überwindet und auf die Fettverdauung Einfluss nehmen kann. Ananas ist gesund aber kein Wundermittel.

10) Abführmittel machen schlank.

Falsch: Hier müssen die Alarmglocken läuten. Abführmittel im Übermaß schädigen auch bei Normalgewichtigen die Darmflora und führen nur zu kleinen Gewichtsabnahmen, aber nicht beim Fett.

11) In der Sauna schwitzt man die Pfunde raus.

Falsch, besser gesagt Humbug: Es scheint irgendwie zu stimmen, aber nur beim Wasserhaushalt, der hinterher sehr schnell wieder ausgeglichen wird. Das Fett bleibt sogar noch eher, da bei der Hitze der Kalorienumsatz sinkt. Die kurze Abkühlung im Saunagang stimuliert die Fettverbrennung auch nicht hinreichend. Nebenbei: Haben Sie in der Werbung schon viele schlanke Finnen gesehen?

12) Appetitzügler wirken ganz problemlos.

Falsch bis gefährlich: Bei unbekannten und hierzulande nicht zugelassenen Inhaltsstoffen, meist aus den USA oder Asien, steht hohen Kosten (fast) keine Wirkung gegenüber. Dafür gibt es die Gefahr der ungesunden Entwässerung und der Darmschädigung.

13) Mit Heilfasten wird man schlank.

Halbrichtig: Als begleitende und medizinisch kontrollierte Maßnahme kann diese „Null-Diät" das Abnehmen beschleunigen. Ohne Zugabe von Vitaminen, Mineralstoffen und Aminosäuren darf Fasten nicht erfolgen. Werden keine essentiellen Aminosäuren zugeführt, greift der Körper die eigenen Muskeln an, egal ob es sich um den Schinken handelt oder den Herzmuskel. Leichte körperliche Tätigkeiten und auch mäßiger Sport sind aber möglich. Das einst so beschworene „Entschlacken" gehört aber schon längst auf die Müllhalde der medizinisch umbrämten Mythen.

14) Sport macht schlank.

Halbrichtig: Sport, insbesondere der sogenannte Breitensport, erhöht den Kalorienbedarf, aber nur erstaunlich wenig. Als zusätzliche Maßnahme beim Abnehmen oder Halten des Gewichts ist Sport sinnvoll, da teilweise auch Fettmasse in Muskelmasse umgewandelt wird. Als alleiniges Mittel ist Sport aber untauglich und bei manchen Sportarten sogar kontraproduktiv.

15) Schlank werden durch kaltes Wasser.

Falsch: Es ist dem Körper fast egal, ob Sie kaltes oder warmes Wasser trinken. Der Kalorienbedarf zum Erwärmen des kalten Wassers ist so gering, dass er beinahe vernachlässigt werden kann. Als Hungerzügler zwischen den Mahlzeiten ist Wasser aber ganz allgemein ein gutes Hilfsmittel. Bei Volumetrics wird die Bedeutung überproportional dargestellt.

16) FdH ist ideal zum Abnehmen.

Fast falsch: Grundsätzlich wird durch die Halbierung der Mahlzeiten die einfachste Methode nahegelegt. FdH berücksichtigt aber nicht, das auch bei sinkender Kalorienzufuhr der Grundbedarf an Vitaminen, Mineralien und Ballaststoffen in etwa gleich bleibt und nicht proportional sinkt. Striktes FdH kann zu gravierenden Mangelerscheinungen führen.

17) Hollywood Diätpläne sind erwiesenermaßen erfolgreich.

Ja, aber nur beim Jojo-Effekt, wie er uns schon von vielen SchauspielerInnen vorgeführt worden ist. Bekanntermaßen ist auch Marlon Brando ein gertenschlanker Jüngling geblieben, oder doch nicht?

Last but not least die dickste Diätlüge: Übergewicht ist eine Frage der genetischen Veranlagung.

Das ist die wohl bekannteste Ausrede fürs Dickbleiben. In den seltensten Fällen sind Veranlagung und primäre Krankheiten Ursache von Übergewicht. Die Veranlagung ist ein Faktor für den Körperbau, nicht aber für die Fettanlagerung. Für das Übergewicht ist jeder Übergewichtige selbst verantwortlich.

Noch eine Lüge im Umkehrsatz: Spitzensänger müssen dick sein. Die junge Generation von in der Welt anerkannten Opernsängern zeigt schlanke, sportliche Figuren. Große Opernarien sind vergleichbar mit Hochleistungssport. Es kommt auf die Athletik an. Oder haben Sie schon mal, von den Kraftsportarten abgesehen, dicke Sportler, dicke Leichtathleten gesehen?

Diätlügen, Abteilung Ausreden

Da gibt es noch eine große Diätlüge. Meist wird sie so umschrieben:

„Ich konnte der Versuchung nicht widerstehen. Es hätte mich übermenschliche Kraft gekostet, und das in meinem von der Diät geschwächten Körper." (So, oder so ähnlich)

Gelüste, Anfälle von Heißhunger und Entzugserscheinungen sind bekannte Phänomene. Begreift man jedoch Übergewicht nicht als behandlungsbedürftige Abhängigkeitserkrankung, dann erkennt man schnell, dass gegen diese „Krankheit" viele Kräutlein gewachsen sind. Man muss sie nur sehen wollen.

Das naheliegendste Kräutlein heißt Durchhaltevermögen. So ein Anfall dauert erfahrungsgemäß nur eine Viertelstunde, und dann verfliegt er von selbst wieder. Ist er sehr hartnäckig, dann greift man zu den Geheimwaffen.

Eine davon heißt Jalepeno. Diese sehr scharfe Paprika betäubt die Geschmacksnerven so sehr, dass der Heißhunger regelrecht verjagt werden kann. Zugleich regt er den Stoffwechsel so an, dass gleich ein wenig Fett zusätzlich verbraucht wird, als nützliche Nebenwirkung wohlgemerkt. Heißhunger auf Süßes kann man mit einem Apfel besänftigen oder mit fruchtigen, faserhaltigen Beeren und ein paar Nüssen vertreiben. Rohes Gemüse ist gut gegen einen allgemeinen Hungeranfall und Stangensellerie ist eine weitere Geheimwaffe. Stangensellerie ist sehr reich an Ballaststoffen in Faserform und gibt ein Sättigungsgefühl.

Darüber hinaus ist er so wertvoll, weil er zu den Lebensmitteln gehört, die mehr Kalorien zur Verdauung benötigen als sie liefern.

Wer starken Gelüsten nicht widerstehen kann, zeigt, dass es ihm mit der Diät nicht so ernst gewesen sein kann.

Also: Schluss mit den Ausreden!

Misstrauen Sie Heilsversprechungen

Unrealistische Versprechungen

In der Werbung, in Zeitschriftenartikeln – vor allem zum Frühjahrsbeginn, und insbesondere im Internet werden Sie immer wieder auf Versprechungen stoßen, die folgende Anfänge oder Zusätze aufweisen:

„In nur einer Woche ….", „In nur 3 Wochen zur Traumfigur", „Jetzt richtig abnehmen durch Fettverbrennung", „Der neue Fettkiller", „Ich habe ohne Diät (z. B.) 23 Kilo abgenommen", „Abnehmen durch Hypnose", „10 Kilo weg in 14 Tagen mit (hier ein beliebiger Präparatname)", „In 30 Tagen restlos schlank mit Erfolgsgarantie", „Abnehmen durch Bauchdurchblutung", „Ohne Diät – ohne Diätprodukte", „Fett weg mit Ultraschall" usw. usw.

Fad Diets

Man kann auch sagen „Mode Diäten" oder „Diäten als Modeerscheinung". Dieses Phänomen ist vor allem in den USA weit verbreitet und gibt zahllose Websites, die sich damit kritisch befassen bzw. Kritiken entgegen wirken. Mit vielen Fad Diets wird viel Geld gemacht, mit manchen gar nicht, z. B. Mit der Cabbage Soup Diet, der Kohlsuppen Diät. Der Herausgeber der Faddiet.Com

macht sich über diese Erscheinung lustig bis hin zur „Dracula Diet" und „Amputation Diet", betont aber, dass Fad Diets von Anfang an nicht gewirkt haben und durch permanente Publikation und trotz großer Anhängerschaft nicht wirkungsvoller werden. Wer die Lektüre der „Grundgesetze" mit Humor auflockern will und ein wenig fit in Englisch ist, sollte hinein schmökern. Auf Deutsch ist Fressnet zu empfehlen. (Siehe Bonus)

Homöopathie und Abspecken

Die Anhänger der Homöopathie werden gelockt mit „Fett verbrennen mit Globuli", „Abnehm-Globuli", „Figur-Globuli", „Globuli für oder gegen ...." Dies soll kein kleiner Feldzug gegen die Homöopathie sein, obwohl heute ziemlich eindeutig naturwissenschaftlich nachgewiesen ist, dass Globuli nicht selber wirken. („Wo kein Wirkstoff, da keine Wirkung") Wenn auch von anderer „Medizin" nicht viel zu halten ist, wie sollen dann Globuli beim Abnehmen bewertet werden?

Einzig glaubhaft erscheinen Aussagen, die sich letztlich mental während des Abnehmens auswirken können, dann aber wahrscheinlich durch Autosuggestion.

Passive Stimulation

Misstrauen Sie allen Versprechungen, sich mit mechanischer Hilfe schlank schlafen zu können. Eine mechanisch erzwungene Muskelbewegung kann beim Ausruhen oder im Schlaf keine Muskelarbeit leisten und dadurch das überschüssige Fett verbrennen. Das gleiche wird auch mit elektromotorischen Gürteln und Armbändern behauptet, bzw. bei Stimulation durch Ultraschall. Wie das chemisch-physiologisch ablaufen soll, wird umschrieben, kann aber nicht glaubhaft gemacht werden. Dann könnte auch ein durch herkömmliche Massage bewegter Muskel Verbrennungsarbeit leisten. Doch dies widerspricht den Grundgesetzen der Natur. Wie soll in Form von Fett gespeicherte Energie = Leistung verbraucht wird, wenn im Muskel keine Leistung erbracht wird.

Nichtoperative Fett-"Entfernung"

Eine Methode mit Ultraschall - „Hochleistungskavitations-Ultraschall" - soll durch die Schwingung bewirken, dass sich Fettzellen durch ihre eigene

Zellwand entleeren. Dadurch würden sich keine neuen Fettzellen bilden und kein Jojo-Effekt auftreten. Diese Behauptung dürfte wissenschaftlich unhaltbar sein. Normalerweise steht die Zahl der Fettzellen von Anfang an fest. Nach einer Fettabsaugung, bei der auch Fettzellen entfernt werden, lagert sich das Fett an anderer Stelle wieder ein (Siehe oben § 3). Bei der propagierten Ultraschall-Methode hat es der Körper ohne Ernährungsumstellung leicht, die erhaltenen Fettzellen wieder mit überschüssigem Fett zu füllen.

Mit Heilsversprechungen dieser Art ist Nichts zu erreichen, was auch nur annähernd dauerhaft sein könnte. Passive Fettverbrennung gibt es nicht, und der Grundbedarf des Körpers kann nicht künstlich stimuliert werden.

Setzen Sie sich ein realistisches Ziel

Der Energiebedarf des Körpers wurde in Kapitel 3 - § 1.2 schon beschrieben. Es gibt zahllose Menüvorschläge, mit denen Sie eine von Ihnen bestimmte Nahrungszufuhr = Kalorienmenge entsprechen d vorher bestimmen können. Der Buchmarkt quillt davon über und das Internet auch. Doch davor ist der Stift, der Rechner gefragt.

Machen wir nochmals eine Beispielsrechnung für Sie, Frau Mustermann: Sie sind 40 Jahre, weiblich, ungefähr 1,60 Meter groß, wiegen 65 Kilo, Hausfrau und Teilzeitberaterin in einem Drogeriemarkt und nur mäßig sportlich. Dann kann man gemittelt davon ausgehen, dass Sie einen Grundumsatz von 1.650 Kalorien und einen Leistungsumsatz von 750 Kalorien, also einen Gesamtumsatz von 2.400 Kalorien Tagesbedarf haben. (Ihr Nahrungsmittel-Bedarf umfasst 90 Gramm Eiweiß, 75 Gramm Fett und 330 Gramm Kohlehydrate.)

Sie wollen auf 60 Kilo abspecken und müssen deshalb 5 Kilo Fett verbrennen, was einer Kalorienmenge von 40.000 Kalorien entspricht. Wenn Sie Ihre Kalorienzufuhr um 1.000 Kalorien täglich auf 1.400 Kalorien reduzieren, ohne Sport zu betreiben, benötigen Sie rund 40 Tage, um Ihr Traumgewicht zu erreichen. Bei einer Reduktion auf 1.100 Kalorien verkürzen Sie die Zeit auf rund einen Monat. Das wären realistische Ziele, ohne allzu viel Lebensqualität einzubüßen. Sollten Sie regelmäßig Sport treiben, etwa eine halbe bis eine ganze Stunde an vier oder fünf Tagen im Schnitt, würde sich Ihr Leistungsbedarf um 400 bis 500 Kalorien täglich erhöhen. Sie würden ohne Einschränkungen oder Steigerung bei der Nahrung die angepeilten 5 Kilo in etwa 3 Monaten abspecken. Bei einer 1.400 Kalorien-Diät wäre das Ziel dann in knapp 1 Monat erreicht, mit 1.000 Kalorien täglich sogar schon in drei Wochen. Das wäre eine durchaus realistische Zielsetzung.

Wenn Sie Ihr Traumgewicht dann halten wollen und weiterhin etwas sportlich bleiben, könnten Sie es mit 2.600 Kalorien täglich halten. Das entspräche 100 Gramm Eiweiß, 85 Gramm Fett und 350 Gramm Kohlehydrate. Sie bräuchten nicht wirklich hungern und dürften gelegentlich auch über die Stränge schlagen, um das erwünschte Normalgewicht zu halten. Hätten Sie 2 Monate auf 55 Kilo abgespeckt, dann aber Ihre sportlichen Aktivitäten wieder weitgehend eingestellt, müssten Sie mit 2.000 Kalorien auskommen. Ohne Bewegung, siehe § 8, müssten Sie sich also vor allem bei Süßigkeiten mit Schokolade und alkoholischen Getränken einschränken.

Die ganz am Anfang dieses E-Books angedeutete maximale Zielsetzung von 10 Kilo in 4 Wochen würde für Frau Mustermann bedeuten, dass sie täglich rund 2 Stunden Sport treiben müsste (Bedarf ungefähr 900 Kalorien) und ihre Abspeck-Diät auf 500 Kalorien reduzieren müsste, oder 1 Stunde Sport und 0 (!) Kalorien. 10 Kilo in 28 Tagen bedeuten Reduktion der Kalorienzufuhr um 2.850 Kalorien täglich. Das würde zu einer möglichen aber quälenden Abnehmphase führen, die nur unter ärztlicher Aufsicht ablaufen dürfte.

Wählen Sie also am besten einen Weg, den Sie realistisch betrachtet gehen können und wollen.

Wählen Sie einen Weg

Nicht schnell, sondern wie schnell, das ist die Frage.

Das Tempo können Sie selbst bestimmen, mehr durch die Reduzierung der Kalorien als durch die Steigerung der Aktivität. Die Gewöhnung an sportlich-körperliche Betätigung wird Ihnen aber helfen, in der Erhaltungsphase das Gewicht zu stabilisieren.

Bevor Sie in die Entscheidungsphase eintreten, welche Diätschritte Sie in welchem Tempo wirklich machen wollen, nehmen Sie Ihr Essens-Tagebuch zur Hand und studieren es einmal zuerst in Hinblick auf Ihre Gewohnheiten und direkt erkennbaren Muster. Dann rechnen Sie mit einer Nahrungsmittel-Tabelle aus, wie viele Kalorien Sie an einzelnen Tagen pro einzelnem Konsum zu sich genommen haben, errechnen die Gesamtsumme und markieren die Hauptkalorienquelle mit verschiedenen Farben. Sagen wir mal Gelb für Fett, Rot für Eiweiß und Blau für Kohlehydrate sowie schwarz bei ballaststoffreichen und grün bei an Vitaminen und Mineralien reichen Lebensmitteln. Ein ganzer Strich soll für ungefähr 100 Kalorien stehen bzw. bei hohem Anteil an Vitalstoffen. So erhalten Sie bereits einen grafischen Überblick über Ihre Essgewohnheiten. Auf eine besondere Häufung von Strichen sollten Sie im positiven wie im negativen Sinn besonders achten. Bei den Kalorienlieferanten sehen Sie unmittelbar, ohne schon an eine bestimmte Diät-Richtung denken zu müssen, wo ein hohes Einsparpotenzial vorhanden ist. Achtung: Vergessen Sie die Getränke nicht.

Jetzt können Sie sich Gedanken darüber machen, bei welchen Lebensmitteln Ihnen Reduzierungen oder gar Streichungen besonders schwer fallen würden. Sie wollen abnehmen, aber Sie sollen sich nicht kasteien. Vielleicht kann eine Tafel Schokolade gestrichen werden. Eine halbe Tafel liegen zu lassen fällt schwerer als sie überhaupt nicht auf zu machen. Der doppelte Whiskey zum Fernsehen muss auch nicht sein.

Ist ja ohnehin nicht gesund – zu viel Alkohol, zu viele leere Kalorien. Sollten Sie beim Streichkonzert ohne große Seufzer mehr als 500 Kalorien zusammen bringen, sind Sie schon auf der Straße der Gewinner.

Abnehmen heiß nicht unbedingt Diät

Diät bedeutet für viele Menschen verzichten. Das mag bei bestimmten Krankheiten stimmen, obwohl die heutige Medizin mit ihren pharmazeutischen Hilfsmitteln das schon nicht mehr so rigoros sieht. Bei Zuckerkrankheit kann der Betroffene inzwischen mehr Lebensgenuss erfahren als je zuvor. So ist es auch mit den Abnehm-Diäten. Es gibt inzwischen sehr viele empfehlenswerte Diätpläne, die man auch über das Internet finden kann (Siehe Bonus), und man kann auch eigene Pläne entwerfen, die den individuellen Vorlieben angepasst sind. Dabei beachten Menü-Rechner (Siehe Bonus - ellviva) sowohl den Kalorien-Bedarf als auch den Nährwert-Bedarf für eine ausgewogene Tageszusammenstellung.

Abnehmen heißt nicht, dass Sie auf jedes Lieblingsessen verzichten müssen. Ein Stück Torte, ein wunderschöner Schweinsbraten und ein Glas steirischer Zweigelt sind durchaus zwischendurch mal drin. Nur übertreiben dürfen Sie nicht. Eine deftige Kalorien-Bombe muss dann aber an anderer Stelle „eingespart" werden. Einen „Ausreißer" können Sie mit Hilfe Ihres Essens-Tagebuches leicht egalisieren.

Abnehmen bedeutet auch nicht den Verzicht auf Küchen dieser Welt. Bayerisches lässt sich genauso integrieren wie chinesische und französische Küche wie indische. Um die amerikanische Fast-Food-Cuisine sollten Sie ohne sehr gute diätetische Kenntnisse allerdings einen Bogen machen, was jedoch nicht bedeutet, das Sie sich nie mehr einen Cheeseburger zwischen die Zähne klemmen dürfen.

Ein besonderer Tipp: Versuchen Sie mit Ihrem „Werkzeug" (teilweise) auf die Kreta-Diät (Mittelmeer-Diät) umzusteigen. Das ist wegen der nicht immer unproblematischen und teilweise auch teureren Zutaten dennoch eine Überlegung wert. Der grundsätzliche gesundheitliche Wert dieser Ernährungs-Haltung ist inzwischen erwiesen, und sie erfüllt wegen der erforderlichen Zutaten schon eine Reihe von Grundvoraussetzungen einer wirksamen Diät-Planung.

Noch ein Tipp: Leben Sie abwechslungsreich und unternehmungslustig, auch in der Küche. Ändern Sie aber nicht ständig die Grundhaltung. In der Furt soll man die Pferde nicht wechseln.

Bringen Sie Bewegung in Ihr Leben

Bewegungsmangel

Oft betont, oft missachtet: Der körperliche Bewegungsmangel in unserer modernen, angeblich so mobilen Gesellschaft. Laut Statistik wird ab einer Entfernung von 500 Metern bereits der Pkw in Bewegung gesetzt und nicht der Körper, und sei es nur um einen Brief in den nächsten Briefkasten zu werfen. In unserer verstädterten Welt gäbe es zahllose Beispiele für Erledigungen, die man genauso gut zu Fuß oder mit dem Fahrrad machen kann. Sie kaufen nicht täglich Ihren Wochenbedarf an Lebensmitteln ein. Sie transportieren nicht jeden Tag ein sperriges Paket zur Post oder zum Paketdienst. Sie brauchen, wenn Sie nicht schon Hüft- und Knieprobleme haben, den Lift nicht für ein Stockwerk benützen. Dazu benötigen Sie keine große Planung, nur Bewusstsein. Man muss nicht von Geschäft zu Geschäft mit dem Auto fahren, wenn man an einem gut gewählten Ort parkt und dann radial seine Besorgungen macht. Sollten Sie ohnehin mit dem Hund Gassi gehen müssen, ist das die ideale Gelegenheit, dies mit anderen Erledigungen zu kombinieren. Und vergessen Sie bitte das Wetter als Ausrede. Wenn es nicht wirklich so ungemütlich ist, dass Sie den Hund nicht vor die Türe jagen würden, gilt unumstößlich das alte englische Motto: „Es gibt kein schlechtes Wetter. Es gibt nur falsche Kleidung".

Ergänzen Sie Ihr Ernährungstagebuch um ein Bewegungstagebuch und legen Sie sich einen Schrittzähler zu. Am besten sind nach wie vor diealtmodischen, nur mechanischen. Bei einem zu billigen Gehäuse magdas Klappern etwas störend wirken, aber sie arbeiten praktisch wartungsfrei. Wenn Sie einmal Ihre durchschnittliche Schrittlänge auf einem selbstgewählten gemischten Parcours ermittelt haben, erhalten Sie die tägliche Weglänge, die Sie zurücklegen. Sollten Sie weniger als drei bis vier Kilometer im Tagesdurchschnitt erreichen, haben Sie bereits Bewegungsmangel, der Ihnen beim Körperfett ebenso Probleme bereiten kann wie bei Ihrer Darmtätigkeit.

Eine Erfahrung aus der Medizin besagt auch, dass etwas tägliche Bewegung oder dreimal mäßiger Sport in der Woche einen höheren Gesundheitswert haben, als ein Moutainbike-Ausflug am Wochenende. Wie Sie sich bewegen, spielt keine Rolle. Gute Kalorienbedarfs-Rechner zeigen Ihnen bei bis zu 300 Sportarten den Verbrauch, der zu Ihrer Planung passt. Sie müssen sich durch Sport auch nicht zum Sklaven Ihrer Freizeit machen. Übertriebener Sport kippt sogar ins Gegenteil. Oder, um mit Paracelsus zu sprechen: „All Ding sind Gift, und nur die Dosis macht, dass ein Ding kein Gift ist".

Entrümpeln Sie Küche und Keller

Ungesunde Nahrungsmittel

Würde man wieder Paracelsus bemühen, könnte man sagen, dass kein Lebensmittel ausschließlich gesund und kein Lebensmittel ausschließlich ungesund ist. Definieren muss man vielmehr den Begriff Lebensmittel. Hier ist die deutsche Sprache sehr viel aussagekräftiger als die englische. Was wir essen sollen sind Mittel, die wir zum Leben brauchen. Das englische Food, das vom Füttern kommt, ist hier weniger differenziert. Entsprechend kommen wohl auch die meisten Nahrungs-Ersatzmittel aus dem Land des Fast Food, wie auch die meisten Diät-Moden. So entstanden Mittel und Wege, ein (vermeintliches) Ziel ohne Nachdenken, ohne Bewusstsein zu erreichen. War da nicht mal die Idee, die Ernährungskrisen der Welt durch Astronautenfutter für jedermann zu bewältigen.

Der gesunde Körper braucht Cholesterin, kein eifreies Ei. Salz ist lebensnotwendig und in großen Toleranzbereichen auch nicht Blutdruck steigernd. Würde Weißbrot so schädlich sein, wie manche amerikanische

Forscher behaupteten, wären die Franzosen seit ihrer Revolution schon ausgestorben. Hätten amerikanische wissenschaftliche Publizisten nicht jahrzehntelang einen Kommafehler bezüglich des Eisengehalts abgeschrieben, wären Generationen von Kindern die Misshandlungen mit Spinat erspart geblieben, und auf Popeye und seine Spinatdose hätte man durchaus verzichten können.

Der eigene Körper ist ein zuverlässiger Gradmesser der Gesundheit von Lebensmitteln, vorausgesetzt wir hören auf ihn. Ein Glas Weißbier mehr ist, wenn man keine Alkoholprobleme hat, gesünder als eine Dose Cola mehr. Bier ist in Maßen und nicht in Massen getrunken ein Lebensmittel, wie es die Bayern auch nach wie vor betonen. Jede Art von Cola ist nichts anderes als eine Limonade mit mehr oder weniger leeren Kalorien. Nahrungs-Ersatzmittel haben keine Ballaststoffe und Processed Food wie handelsübliche Frühstücksflocken oder stapelbare Maschinenchips kaum. Der Körper dankt es dann mit Verstopfung, insbesondere wenn zu wenig Bewegung ins Spiel kommt.

Werfen Sie Unnötiges über Bord

Wie bei den Überlegungen von „Simplify Your Life" müssen Sie das Wegwerfen lernen. Lebensmittelvorräte, die noch innerhalb des MHD liegen, aber ungesund sind, werfen Sie weg, verschenken Sie einfach. Küchengeräte und Geschirrteile, die Sie an die schlechten Gewohnheiten früherer Zeiten erinnern könnten, gehören aus dem Haushalt entfernt oder zumindest aus der Sicht. Es könnte ja sein, dass Sie Familienmitglieder oder Freunde nicht von Ihrer neuen Lebensweise überzeugen können. Geben Sie denen dann entsprechend größere Portionen, bevor Sie nachgeben. Wir wollen Ihnen ja nicht gleich raten, Freunde, die Ihr neues Leben nicht gut heißen, gleich mit über Bord zu werfen. Aber es wäre nicht das erste Mal, dass sich rund ums Essen die Spreu vom Weizen trennt.

Gesunde Sattmacher

In der Volumetrics-Diät – man mag einzelne Punkte für überzogen halten – gibt es gute Hinweise und Verweise. Fettarmer Joghurt, Tomatensuppe und Erdbeeren sind mit unter 50 Kalorien sogenannte Stars. Typischen „Fallen" wird ein Verweis erteilt: Cashews, Kartoffenchips (normal) und Schokoriegel überschreiten die 500 Kalorien-Grenze, und Butter hat sogar 740 Kalorien. Ade, gutes Butterbrot.

Einige bewährte Sattmacher sind Äpfel, Brokkoli (auch gut gegen Insulin), Blattsalat (fast keine Kalorien), magerer Fisch, Grapefruit, Haferflocken und Kartoffeln (jeweils gut gegen Heißhunger), Linsen, Tofu und Vollkornnudeln. Auch nicht mehr so gesunde Lebensmittel gehören zu den Sattmachern: Rindersteaks, erstaunlicherweise Popcorn, Eier, Käse und Bananen.

Sammeln Sie Informationen über jene Lebensmittel, deren Energiebedarf zum Verdauen ähnlich hoch oder noch höher ist, als die Energie, die sie liefern. Dazu gehören abgekühlte Pellkartoffeln, harte Eier, roher Stangensellerie. Beim Stöbern in der Literatur und im Internet - und das werden Sie tun - dürften Sie immer wieder auf Hinweise stoßen, die hier den Rahmen sprengen würden.

Vermeiden und bekämpfen Sie Frust und Stress

Emotionales Essen – Heißhunger

Einer der größten „Förderer" von Übergewicht und einer der schlimmsten Feinde eines schon erreichten Wunschgewichtes ist das emotionale Essen, oder deutlicher ausgedrückt das wiederholte Überessen. Woher kommt es? Wie kann man es definieren? Am besten wohl damit, dass man Ess- um nicht zu sagen Fressgelage herbeiführt, um Gefühle nicht hochkommen zu lassen, vor allem, wenn es sich um negative handelt. Man weiß womöglich, dass es besser wäre, alles Mögliche zu unternehmen, unangenehme oder einfach zu starke Gefühle durch positive Gefühle zu ersetzen. Doch ein unbedenkliches positives Empfinden ist bereits durch die positiven Gefühle besetzt, die mit dem Essen verbunden werden.

Für manche Menschen stellt emotionales Essen nur ein gelegentliches Phänomen dar, etwa bei sehr starkem Stress oder bei dem Versuch, eine oberflächliche Traumatisierung zu überwinden. Ähnlichkeiten zum Alkoholmissbrauch liegen nahe, und Alkohol und übertriebenes Essen verbinden sich dann. Bei anderen Menschen dagegen kommt es in so starkem und gehäuftem Maße vor, dass man schon von einer ausgeprägten

Essstörung sprechen muss, also einer seelischen Erkrankung. Nach der Auffassung von Experten müssen bis zu 75 Prozent von Fällen des Überessens auf das emotionale Essen zurückgeführt werden. Dieses kann seine Ursache in Depressionen, Einsamkeitsgefühlen, permanenter Verärgerung, Dauerstress, unbewältigten Ängsten, Frustrationen, Beziehungsproblemen oder mangelndem Selbstbewusstsein haben.

Führt emotionales Essen dann auch noch zu Übergewicht, können sich die Ursachen verstärken und es bewirkt das Gegenteil von dem, wogegen sich das Essverhalten eigentlich richtet. Es entsteht auch ein Teufelskreis mit der Frage, ob das emotionale Essen Krankheit auslöst oder Ergebnis der Krankheit ist. Ist massives Übergewicht die Folge von emotionalem Essen, wird es wichtig, zu untersuchen, ob dann nicht auch das Übergewicht schon eine Erkrankung für sich geworden ist, gegen die ein Kurieren an Symptomen, also das bloße Abnehmen nicht mehr reicht.

Ein Opfer des emotionalen Essens kann dieses oft nicht mehr selbst erkennen und braucht genaue Beobachtung von außen. Hilfreich können bei der Untersuchung und womöglich noch bei der Selbstbeobachtung die sogenannten Auslöser sein, die Trigger.

Man kennt fünf Hauptkategorien von Auslösern des emotionalen Essens:

1) Soziale Auslöser:

Der Betroffene isst aus Angst, isst zu viel wegen Ermutigung, wegen Anpassung an den Gruppenzwang oder wegen Streit bzw. starken Erregungen bezüglich Personen in seiner direkten Umgebung (Beziehungskonflikt).

2) Situative Auslöser:

Man isst einfach, weil das Essen da ist. Man will im Lokal keinen leeren Teller zurückgeben. Man isst einen zusätzlichen Döner (Hamburger, Currywurst, Leberkäs-Semmel, usw.), weil die Dönerbude so praktisch am täglichen Weg zur Arbeit liegt. Man isst, weil man vor dem Fernseher hockt oder im Kino einfach daran gewöhnt ist.

3) Emotionale Auslöser:

Dies sind die schon erwähnten Gründe, wie Langeweile, Ängste, Depressionen, Einsamkeit, Untätigkeit oder auch Müdigkeit.

4) Gedankliche Auslöser:

Niedriges Selbstwertgefühl, Mangel an Willenskraft oder Durchsetzungsvermögen, Selbstverärgerung wegen der Essgewohnheiten oder eines Rückfalls.

5) Körperliche Auslöser:

Essen gegen Schmerzen, Fehleinschätzung nach Hungerunterdrückung, mit Heißhunger als spontaner Folge.

Soweit das Überessen nicht schon krankhaft eingebrannt ist, nicht mehr selbst erkannt werden kann, ist ein schon früher empfohlenes Essens-Tagebuch ein gutes Hilfsmittel, den Grund für das Überessen herauszufinden. Bei einem solchen Essens-Tagebuch sollten nicht nur Art, Menge und Zeit festgehalten werden, sondern auch die mit der Nahrungsaufnahme verbundenen Gefühle.

Gefährlich wird es dann, wenn das emotionale Essen als Belohnungsprinzip eingesetzt wird, wenn die mit dem Essen verbundenen Gefühle alle anderen positiven Gefühle zu verdrängen beginnen. Dann geht es meist ohne (professionelle) Hilfe von außen nicht mehr, das Überessen und damit das daraus resultierende Übergewicht, den Rückfall zu vermeiden. Da hier

psychische Grenzen überschritten werden können, ist es auch schwierig vorher zu sagen, bis zu welchem Punkt eine ehrliche Selbsteinschätzung noch stattfinden kann.

Sollten Sie Gründe für Ihr Überessen, für den Rückfall finden und als solche erkennen, sind Sie eigentlich in der Lage, die Ausgangslage zu beeinflussen. Sie können dann die gefährlichen Gefühle bzw. Auslöser, durch andere Gefühle und Verhalten ersetzen.

Ideen, um das Überessen zu stoppen

Es gibt viele verschiedene Aktivitäten, die als „Heilmittel" gegen das emotionale Essen angewendet werden können, aber Sie werden experimentieren müssen, um herauszufinden, welche am besten für Sie geeignet sind. Hier sind einige Ideen für Tätigkeiten, die Ihnen helfen könnten, Ihre Gefühle positiv zu verändern und Auslöser zu vermeiden:

- Gehen Sie Spazieren

- Lesen Sie ein Buch

- Hören Sie entspannende oder anregende Musik

- Nehmen Sie ein schönes ausgiebiges Bad

- Nehmen Sie einige tiefe Atemzüge

- Versuchen Sie es mit Meditation

- Sprechen Sie mit einem Freund

- Spielen Sie ein Spiel

- Stürzen Sie sich in Hausarbeit oder räumen sie Garage – Speicher –

Keller auf

- Schreiben Sie einen Brief oder erledigen Sie liegengebliebenen Bürokram

- Versuchen Sie, sich zu entspannen

- Unternehmen Sie irgendetwas, das keine Kalorien bringt, sondern frei

Setzt

Wenn Sie einige dieser alternativen Tätigkeiten ohne viel Erfolg versucht haben sollten, Ihr emotionales Essen einzudämmen, sollten Sie Beratung und Hilfe von einer Einzelperson oder einer Gruppe suchen. Es geht schließlich darum, heraus zu finden, warum Sie zum Überessen neigen und was Sie dagegen unternehmen können.

Beherzigen Sie Folgendes:

Gelegentliche Essanfälle und Heißhunger sind noch kein Weltuntergang, wenn es bei dem „Gelegentlich" bleibt. Ohne hier gleich von einer Krankheit der Psyche zu sprechen, ein schiefer Vergleich aus der Medizin. Bei Suchterkrankungen wie der Alkoholabhängigkeit sagt man heute, dass ein Rückfall ein Teil der Krankheit ist.

Wenn aber aus dem Gelegentlich ein Immer Öfter wird, dann liegt die Diagnose einer Erkrankung nahe.

Wenn Sie so ehrlich sein können, dass Sie sich sagen müssen, dass Sie nicht mehr weiter wissen, dann suchen Sie fachlichen und medizinischen Rat.

Ein vereinzelter Essanfall kann Schwäche sein, die Sie mit Ihrem Bewusstsein und Willen selbst überwinden können. Fress-Sucht ist eine Krankheit, die behandelt werden muss und keine „moralische Schwäche".

Essen Sie nicht spontan

Essen nach Plan ist eine wichtige Voraussetzung für das Durchhalten und eine der besten Vorsorgen gegen Heißhunger und Emotionales Essen. Machen Sie sich die Mühe und erstellen sie zumindest Tagespläne. Die besten Zeiten sind vor dem Abendessen für den nächsten Tag. Besser ist ein Wochenplan, der auch die notwendigen Einkäufe besser organisieren hilft.

Achtung: Wenn Sie nach einem Essen planen, könnte das Lust auf mehr wecken, Hungergefühle erzeugen. Wer schon einmal als Fastender durch einen gut sortierten Supermarkt gegangen ist, weiß, welche Qualen das Angebot bereiten kann. Essen nach Plan klingt so wie eingefahren, oder stumpfsinnig, oder einfach irgendwie langweilig. Das ist ein großer Irrtum. Den Plan gestalten ja Sie selbst. Sie sollen Ihn auch nicht für alle Ewigkeit fortschreiben. Doch den jeweiligen Tagesplan sollten Sie einhalten. Wenn Sie spontan Ihren Tagesplan geändert haben oder daneben gehauen haben sollten – das tun Sie natürlich nicht – also wenn doch, dann ist ein Eintrag in Ihrem Essens-Tagebuch unumgänglich. Führen Sie weiterhin Ihr Essens-Tagebuch und notieren Sie auch, wie zufrieden Sie mit einzelnen Schritten, Rezepten, Tagesabläufen waren. Machen Sie aus Ihrem Essens-Tagebuch ein Gefühls-Tagebuch. Das wird Ihnen bei der Nachsorge eine große Stütze sein.

Die Nachsorge

Kontrollieren Sie Ihren Erfolg

Es wird zwar immer wieder davon abgeraten, aber tun Sie es trotzdem. Wiegen Sie sich regelmäßig unter denselben Bedingungen und notieren Sie das Ergebnis. Da mögen Sie zwar Schwankungen wegen der Tagesform oder der gespeicherten Restwassermenge feststellen. Genauso werden Sie aber fortschreitend bemerken, dass Ihre Diät funktioniert. Ein gutes Hilfsmittel ist ein Diätbericht auf dem Computer (Siehe Bonus, fddb). Bei allen Schwankungen gibt es eine Hüllkurve der Tagesabweichungen von der Ideallinie, die Ihnen den Trend vermittelt.

Freuen Sie sich über Erfolg

Wenn Sie den Trend positiv deuten, also im Minus, und das werden Sie, dann belohnen Sie sich doch mal. Ebenso, wenn Ihr Wunschgewicht sich stabilisiert hat oder gar noch ein wenig nach unten tendiert. Wie wär's mit einem kalorienarmen exotischen Cocktail? Ein A-Team aus Ananas, Äpfeln und Aprikosen hat nur 120 Kalorien.

Bleiben Sie dran

Sie haben Ihr Wunschgewicht erreicht! Gut. Sehr gut, aber nur, wenn Sie jetzt nicht schlampen, sich nicht zu viele Ausrutscher gönnen. Ihr neuer Lebensstil muss sich so tief in Ihrem Bewusstsein verankern, bis er ins Unterbewusste hinüber gleitet oder sich in der Automatikabteilung Ihres Gehirns breit macht. Dann sind Sie völlig frei für neue Herausforderungen, denn gelegentlich wird Ihr Gedächtnis daran erinnern, dass Sie in der Lage sind, etwas Großes zu meistern.

Fettverbrennungsmythen

Eine Diät durchzuziehen, ist nicht leicht und bei der Menge an Fettverbrennungsmythen, die herumschwirren, ist es oft schwierig zu unterscheiden zwischen effektiven Techniken und Strategien zur Gewichtsabnahme sowie in die Irre führenden Programmen und Taktiken, die nicht nur uneffektiv sind, sondern bisweilen auch gefährlich.

In diesem Ebook behandeln wir die häufigsten Fettverbrennungslügen, die Diätetiker seit Jahren getäuscht und verwirrt haben, so dass Sie sich auf realistische Ziele und todsichere Strategien der Gewichtsreduzierung konzentrieren können.

Wie viele von diesen Mythen haben auch Sie geglaubt?

MYTHOS 1: TEILWEISE VERRINGERUNG GELINGT

Eine weit verbreitete Ansicht ist, dass die Konzentration der Übungen und des Gewichtstrainings auf spezielle Teilbereiche des Körpers in der Lage ist, die Fettmenge in eben diesem Bereich zu reduzieren.

In Wirklichkeit gibt es so etwas wie eine begrenzte Fettverbrennung nicht.

Sobald Sie anfangen zu trainieren, verlieren Sie Gewicht gleichmäßig über den Körper verteilt.

Genau so falsch ist die Annahme, dass eine hohe Zahl an Wiederholungen einer Übung mehr Fett verbrennt. Tatsächlich führen weniger Wiederholungen mit größeren Gewichten zu verbesserter Fettverbrennung, und das in kürzerer Zeit.

MYTHOS 2: KALTE GETRÄNKE REDUZIEREN FETT

Das ist ein häufig anzutreffender Mythos, der tatsächlich glaubwürdig scheint, wenn Sie die zugrundeliegenden Überlegungen berücksichtigen.

Die Aussage lautet:

Sobald Sie kaltes Wasser trinken, begänne Ihr Körper automatisch Kalorien zu verbrennen, um das Wasser zu erwärmen.

Diese Kalorienverbrennung erfolge so lange, bis sich die Wassertemperatur Ihrer Körpertemperatur angeglichen hat.

Zwar ist das Trinken von Wasser (jeglicher Temperatur) ein wichtiger Teil jeder Gewichtsreduzierung, aber rechnen Sie nicht damit, dass Sie vom Trinken allein Gewicht verlieren.

Wasser ist wichtig für die Gesundheit, weil damit Schadstoffe aus dem Körper geschwemmt werden, aber Sie können allein durch Trinken keine Kalorien ohne gesunde Ernährung verbrennen.

MYTHOS 3: VERZICHT AUF GANZE LEBENSMITTEL-GRUPPEN FÜHRT ZU FETTVERLUST

Dieser Mythos ist ein bisschen verwirrend, daher die folgende Aufklärung.

Das Vermeiden (oder zumindest Reduzieren) bestimmter Nahrungsmittel, die reich an Zucker sind, sollte grundsätzlich Teil Ihrer gesunden Ernährungsweise sein.

Sie müssen die Menge von Lebensmitteln, die reich an Fett (aber arm an Energie) sind, minimieren, wann immer das möglich ist.

Das Streichen ganzer Lebensmittelgruppen und die einseitige Ernährung durch einige wenige Lebensmittel, ist auf Dauer jedoch schwierig durchzuführen.

Für eine wirklich gesunde Ernährung bedarf es einer abgerundeten Auswahl aus allen Lebensmittelklassen (Kohlenhydrate, Fette, Proteine, Vitamine).

MYTHOS 4: KALORIENARME ERNÄHRUNG IST DER EINZIGE WEG, GEWICHT ZU REDUZIEREN

Fast jede Diät propagiert, die Kalorienzufuhr zu senken und körperliche Betätigung zu erhöhen, was auch richtig ist.

Ein Problem entsteht allerdings, wenn Leute glauben, die Kalorienzufuhr dramatisch zurückfahren zu müssen, um Gewicht zu verlieren und dann das Gewicht zu halten.

Es ist jedoch wichtig, die Kalorienaufnahme schrittweise zu reduzieren, so dass Ihr Körper nicht in den "Hunger-Modus" schaltet.

Andernfalls glaubt er, es kommen schlechte Zeiten mit geringer Nahrungszufuhr auf ihn zu.

Als Reaktion senkt er den Stoffwechsel, um Fettreserven aufzusparen, weil er „denkt": Bevor ich jetzt gar nichts mehr zu essen bekomme, dann gebe ich auch nichts ab und setzte jede auch noch so kleine Menge, die ich bekomme an (das ist seit Beginn der Menschheit so).

Sie müssen also aufpassen, dass der natürliche Stoffwechsel Ihres Körpers nicht unterbrochen wird, da dramatische Kalorien-Rückgänge zu einem vermindertem Stoffwechsel führen, die es schwerer machen, überflüssige Pfunde los zu werden.

MYTHOS 5: IMMER ZU BESTIMMTEN ZEITEN TRAINIEREN

Dieser Mythos ist mir im Laufe der Jahre immer wieder begegnet.

Während die „beste Zeit des Tages" Veränderungen zu unterliegen scheint, ist die Grundidee immer dieselbe geblieben:

Man muss zu bestimmten Zeiten trainieren, um die besten Resultate zu erzielen.

Fakt ist, Sie müssen nicht immer früh am Morgen oder spät am Abend oder zu irgendeiner Zeit dazwischen trainieren, solange Sie überhaupt trainieren.

Statt auf spezielle Zeiten, sollten Sie lieber den Fokus auf regelmäßige und konstante Aktivitäten legen.

Für vielbeschäftigte Mütter oder Geschäftsleute ist es nicht immer leicht, bestimmte Zeiten einzuhalten.

Nicht schlimm, denn die gute Nachricht lautet:

Egal wann Sie trainieren, Ihr Körper verbrennt für das gleiche Pensum immer die gleiche Menge Kalorien, ungeachtet der Tageszeit.

MYTHOS 6: MAN MUSS XX MINUTEN TRAINIEREN, BEVOR ES ZU WIRKEN BEGINNT

Ich hatte diesen Mythos früher selbst geglaubt.

Die Idee dahinten lautet, dass Ihr Körper erst eine Zeitlang "warm laufen" muss, bevor er in den Fettverbrennungsgang schaltet, weshalb alles unter xx Minuten nicht zählt.

Das ist kompletter Unsinn!

Zwar sollten Sie während Ihres Trainings immer auf eine heiße Phase hinarbeiten (und auch langsam wieder runterfahren), aber tatsächlich verbrennen Sie Fett ab dem Moment, wo Sie beginnen!

MYTHOS 7: FETTVERBRENNENDE NAHRUNGSMITTEL, UM GEWICHT ZU VERLIEREN

Wenn Sie jemals ein Lebensmittel finden sollten, das zu sofortigem Gewichtsverlust führt, dann lassen Sie es mich bitte wissen! ☺

In Wirklichkeit gibt es keine Nahrungsmittel, die augenblicklich Fett verbrennen.

Es gibt lediglich bestimmte Lebensmittel, die Ihren Stoffwechsel erhöhen bzw. anregen (was letztendlich hilft, Gewicht zu verlieren). Das wäre z.B.:

- **Fisch** (lässt den Stoffwechsel bis zu 30% mehr arbeiten)

- **Gewürze**: Peperoni, schwarzer Pfeffer, Kreuzkümmel, Zimt, Curry, Ingwer, Kurkuma

- **Avocado**: Auch wenn Avocados sehr reichhaltig sind, sind sie eine große Quelle von L-Carnitin. L-Carnitin spielt eine große Rolle in der Fettverbrennung.

- **Grapefruit**: Die Bitterstoffe kontrollieren das Insulin im Körper. Das heißt: Grapefruit lässt den Blutzucker nicht ansteigen.

MYTHOS 8: PROTEINREICHE/ KOHLEHYDTARARME LEBENSMITTEL SIND AM BESTEN

Es ist schwierig, sich nur von solchen Lebensmitteln zu ernähren, die diese Anforderung erfüllen, denn Sie schränken damit die Auswahl der „erlaubten" Nahrungsmittel stark ein.

Außerdem verlieren Sie zwar zunächst schnell an Gewicht, aber dann pendelt sich Ihr Körper auf einem bestimmten Level ein und Sie werden Schwierigkeiten haben, weiteres Gewicht zu reduzieren.

Besser ist es, Sie folgen einem gesunden Ernährungsplan, der Nahrungsmittel aus allen vier Bereichen enthält.

Damit haben Sie nicht nur mehr Flexibilität, Ihre Speisen zusammen zu stellen, sondern versorgen sich auch mit allen Vitaminen, Mineralstoffen und Spurenelementen, die Ihr Körper braucht.

MYTHOS 9: WENIGER ESSEN, MEHR VERBRENNEN

Wussten Sie, dass es eine "Sumo-Ernährung" gibt?

Darunter versteht man, dass Sumo Ringer kaum tagsüber essen, sondern direkt vor dem Zubettgehen mit dem Zweck, ordentlich Pfunde draufzupacken.

Der Grund dafür ist nicht nur, dass Mahlzeiten nach 19 Uhr zu starker Gewichtszunahme führen (die Kalorien, die man am Ende des Tages zu sich genommen hat, werden in Fett umgewandelt, gleichgültig, was man gegessen hat), sondern auch weil wenig essen zur Verlangsamung des Stoffwechsels führt, wodurch Fettreserven angelegt werden.

Um Gewicht zu verlieren, ist es wichtig, den ganzen Tag über regelmäßig zu essen, möglichst 6-8 Mal (drei Mahlzeiten und gesunde Snacks alle zwei Stunden vermeiden Hungergefühl und halten den Körper in ständigem Fettverbrennungszustand).

MYTHOS 10: AUF FETT VOLLKOMMEN VERZICHTEN

Dies ist nicht nur sehr schwer umzusetzen, es kann auch Ihre Gesundheit schädigen.

Wir brauchen ein gewisses Maß an Fett zum Leben, zum Wachstum und zur Gesunderhaltung.

Eine reduzierte Fettaufnahme hilft zwar abzunehmen, aber es ist schwierig, wenn nicht gar unmöglich, ganz darauf zu verzichten.

Hinweis: Alle Gewichtsreduzierungsprogramme in diesem Ebook sind sicher und wirkungsvoll.

Dennoch ist es angeraten, Ihren Hausarzt zu konsultieren, bevor Sie mit Diät und Training beginnen.

Es ist nie leicht, eine Diät durchzuhalten, denn es gibt ein paar Fallen, die einen aus der Bahn werfen und Dinge aus dem Ruder laufen lassen können.

Wer diese Gefahren kennt, kann vorbeugen.
Wenn Sie die Probleme erkennen, bevor sie zuschlagen, können Sie sie leichter unter Kontrolle halten.

Die wichtigsten Garanten zum Erfolg bei jeder Art von Diät sind Ihre Fähigkeit, sich auf das Ziel zu konzentrieren, die Motivation aufrecht zu erhalten und zu wissen, wie Sie mit allen Gefahren umgehen, die eintreten können.

Um dazu in der Lage zu sein, müssen Sie sie im Voraus kennen und wissen.

In diesem Ebook werden wir die fünf größten Diät-Rückschläge diskutieren, die zu einem totalen Desaster führen können, aber auch, was Sie tun können, um sie zu vermeiden oder den Schaden zu begrenzen, wenn es passiert ist.

EMOTIONALES ESSEN

Das Diät-Desaster, das vielleicht den größten Schaden anrichtet, ist emotionales Essen.

Essen aus Frust oder bei Stress kann verheerende Folgen für eine Gewichtsreduzierung haben, weil es so schwer zu beherrschen ist, wenn es erst einmal begonnen hat.

Sie haben vielleicht schon einmal den Ausdruck "comfort food" gehört.

Man verwendet ihn für Nahrungsmittel, die uns besser fühlen lassen, wenn wir deprimiert, verärgert, frustriert oder sonst wie emotional „down" sind.

In der Regel sind dies fettmachende Lebensmittel wie Schokolade, süße Backwaren, Hackbraten, Kartoffelpüree, Lasagne, Brathähnchen, Fastfood und andere kalorienreiche Speisen, die unsere Stimmung in stressigen Zeiten heben können.

Diese Lebensmittel können desaströs für eine Diät sein.

Sie sind reich an Kohlenhydraten, die den Blutzuckerspiegel außer Kontrolle geraten lassen können.

Dies kann zu essen über das Sättigungsgefühl hinausführen und ist sehr schwer zu stoppen, wenn es erst einmal begonnen hat.

Manche Menschen fallen dem Essen aus Frust nur von Zeit zu Zeit zum Opfer, andere sind viel häufiger anfällig.

Bei Menschen, die unter Depressionen leiden oder die sehr stressige (und auch überaus langweilige) Berufe haben, ist die Gefahr des emotionalen Essens besonders groß.

Ohne gute Hilfestellungen ist es schier unmöglich, Stress-Essen unter Kontrolle zu bringen.

Sie müssen sicherstellen, dass Sie Freunde, Familienmitglieder, Arbeitskollegen, eine Selbsthilfegruppe oder sonst wie ein Netzwerk an Leuten haben, die Ihnen helfen, emotionalen Stress durchzustehen.

Sie müssen auch lernen zu erkennen, wann Sie wirklich hungrig sind und wann Sie nur essen wollen, um eine emotionale Leere zu füllen.

Wenn es emotionale Dinge gibt, die in Ihnen Gelüste auf Essen auslösen, müssen Sie jemanden aus Ihrem Helfer-Netzwerk kontaktieren.

Sobald Sie gelernt haben, natürlichen Hunger zu unterscheiden, wird es erheblich leichter, Essen aus Frust in Schach zu halten.

Sie werden dann in der Lage sein, emotionale Fressgelage zu stoppen, bevor sie begonnen haben.

Sobald Sie aber nachgeben, können die Gelüste allzu leicht unkontrollierbar werden.

Es ist dann äußerst schwierig, sie zu beherrschen. Es gar nicht erst so weit kommen zu lassen, ist viel leichter.

PMS

PMS steht für prämenstruelles Syndrom.

Frauen verstehen zweifellos ganz genau, wie sehr PMS den Appetit beeinflussen kann.

Wenn der Körper sich auf die Monatsregel vorbereitet, kann er Gelüste nach bestimmten Dingen entwickeln.

Teilweise hat das einen guten, natürlichen Grund wie zum Beispiel der Hunger auf rotes Fleisch oder Bohnen, welche Eisen enthalten, das gebraucht wird, um den Mangel daran nach dem Blutverlust auszugleichen.

Allzu oft sind es aber Kohlenhydrat- und fettreiche Lebensmittel wie Eiskreme, Schokolade, Kekse, Bonbons, Pizza, Pommes Frites, Kartoffelchips und andere fette Speisen.

Das prämenstruelle Syndrom kann auch Depressionen und andere seelische Unausgewogenheit verursachen, die zu emotionalem Essen führen.

Das ist recht häufig im Zusammenhang mit PMS und dagegen kann man nicht viel tun.

Wann immer PMS zuschlägt, ist es das Beste, sich genau so zu verhalten wie bei Frustfressen:

Rufen Sie so schnell wie möglich jemand auf Ihrem Hilfe-Netzwerk an.

Zusammen sind Sie in der Lage, diese Phase durchzustehen.

Sie können Gelüsten aber auch hin und wieder nachgeben, wenn Sie sicher sind, dass Sie sie unter Kontrolle halten können.

Der eine oder andere Riegel Schokolade kann helfen, dem Sturm zu trotzen, allerdings wirklich nur, wenn Sie sich sicher sind, nicht über Bord zu gehen.

Wenn Sie genug Selbstkontrolle haben, ist während des prämenstruellen Syndroms gegen ein kleines Stückchen Kuchen, ein Eis, eine Viertel Pizza nichts einzuwenden.

Gelüste

Gelüste können aus einer Reihe von Gründen entstehen. Manchmal werden Sie durch Dinge wie PMS und Depressionen verursacht, aber oft kann der Grund im einem Bedürfnis liegen.

Das heißt, das Verlangen nach bestimmten Lebensmitteln kann physiologische Gründe haben.

Wenn Sie beispielsweise Lust auf Dinge wie Spaghetti, Lasagne oder Pizza haben, könnten Sie in Wirklichkeit ein Verlangen nach Tomaten haben.

Ihr Körper braucht vielleicht etwas, das in Tomaten enthalten ist – ein Vitamin oder ein Antioxidanz wie Lycopin.

Manchmal können Sie ziemlich sicher sein, dass Ihr Körper NICHT aus gutem Grund nach etwas verlangt.

Zum Beispiel sind süße Kekse ziemlich frei von jeglichem Nährwert; deshalb ist es unwahrscheinlich, dass Ihr Körper wirklich etwas braucht, das in diesen enthalten ist.

Wiederum andere Male mag es etwas schwierig sein herauszufinden, ob Ihre Körper nach etwas schmachtet oder ob er einfach nur den Geschmack des Lebensmittels vermisst.

Wenn Sie einen Heißhunger auf etwas haben, von dem Sie denken, dass es eine Ernährungsgrundlage hat, dann versuchen Sie doch die Inhaltsstoffe zu analysieren, um dem wahren Grund auf die Spur zu kommen.

Wenn Sie z.B. eine Begierde auf Erdbeertörtchen haben, dann sind die einzige diätetisch wertvolle Zutat die Erdbeeren selbst.

Es könnte möglich sein, dass das Kalzium aus der Schlagsahne benötigen, aber das ist eher unwahrscheinlich, weil sie heute oft nicht aus Milch gemacht ist.

Wenn Sie wirklich Lust auf Erdbeertörtchen haben, dann versuchen Sie es doch erst nur mit Erdbeeren, vielleicht mit etwas fettreduziertem Topping.

Das könnte schon Ihren Nährstoffbedarf decken, falls es einen gab, und es könnte auch Ihr Verlangen nach dem Geschmack befriedigen.

Es gibt fast immer Alternativen, die die gleichen Grundstoffe enthalten, für die Sie sich entscheiden können, die aber gesünder sind.

Beispielsweise könnten Sie Spaghetti soße ohne Pasta essen (oder mit Vollkornpasta, um das Spaghetti-Verlangen loszuwerden.

Oder Sie könnten eine Scheibe Käse essen statt eines gegrillten Käse-Sandwiches.

Wann immer Sie das Verlangen nach etwas durch eine Grundzutat beenden können, ist es ziemlich sicher, dass es wahrscheinlich ein physiologisches Verlangen war.

Wenn das Verlangen dagegen anhält, handelt es sich höchst-wahrscheinlich um ein psychologisches Verlangen, weil es Sie nach dem Geschmack des Lebensmittels gelüstet.

Das bedeutet allerdings nicht, dass Sie eine psychologisch bedingte Lust nicht hin und wieder befriedigen dürfen.

Ab und zu ein bisschen von dem zu naschen, worauf Sie Lust haben, hält Sie bei Laune, macht glücklich und lässt Sie die Diät durchhalten.

Sie dürfen es nur nicht übertreiben.

Sie müssen lernen, die Menge der Nahrungsmittel, die Sie zu sich nehmen, zu begrenzen.

Wenn Sie lernen, vorsichtig zu sein und Gelüste und Heißhunger nicht das Kommando übernehmen lassen, dürfen Sie sich gelegentlich ein bisschen selbst verwöhnen.

Krankheit

Wenn Sie krank sind, kann es schwieriger sein als sonst, einer Diät treu zu bleiben.

Denn da Sie sich schwach und unwohl fühlen, ist eine Diät normalerweise das Letzte, das Sie im Sinn haben.

Außerdem braucht Ihr Körper zusätzliche Nährstoffe, um sich wieder zu erholen.

Eine Krankheit lässt Sie oft überhaupt keinen Hunger oder Appetit haben, doch ist es wichtig zu essen, um stark zu bleiben.

Sie müssen Ihr Immunsystem mit zahlreichen Vitaminen und Mineralien versorgen, damit es seine Aufgabe erfüllen kann.

ABER:

Sie sollten gesunde Nahrung zu sich nehmen, kein Junk Food.

Auch wenn Sie sich müde und niedergeschlagen führen, das Wichtigste ist nun, dass das, was Sie essen, von höchstmöglicher Qualität ist.

Wenn Sie sich wirklich schlecht fühlen, dann nehmen Sie leichte und flüssige Speisen zu sich wie Fleischbrühe, leichte Suppen, Früchte und Säfte. Und vor allem: Trinken Sie viel. Am besten sind zuckerfreie Getränke wie Tee und Wasser.

Diese sind in der Regel arm an Fett und Kalorien und können Ihnen Energie geben, ohne müde zu machen.

Sobald Sie sich ein bisschen besser fühlen, essen Sie Herzhafteres, aber trotzdem Schonendes wie Vollkorntoast, braunen Reis, gedämpftes oder geröstetes Gemüse und kräftigere Suppen.

Sie sollten sich weiterhin an Ihren Diätplan halten, aber sorgen Sie dafür, dass Sie nichts essen, das Sie sich schlechter fühlen lassen könnte.

Wenn man krank ist, sollte man nach Möglichkeit Fleisch vermeiden, weil es Bakterien enthalten kann, die das Immunsystem angreifen können, wenn es ohnehin geschwächt ist.

Eine Krankheit kann eine Diät aus der Bahn werfen, wenn Sie es zulassen.

Darum sorgen Sie dafür, dass Sie bei Kräften bleiben, indem Sie viel Gesundes Essen.

Wenn Sie Ihren Körper schwächen, weil Sie nicht genug essen, können Gelüste aufkommen, die Sie eventuell mit Junk oder Fast Food stillen.

Das könnte nicht nur Ihre ganze Diät gefährden, sondern auch Ihr Immunsystem schwächen, so dass es länger dauern könnte zu genesen.

Falls Ihr Arzt spezielle Anweisungen gibt, was Sie essen sollen, sollten Sie sie befolgen.

Machen Sie sich keine Sorgen, wenn diese Instruktionen Ihrer Diät widersprechen.

Ihre Gesundheit ist wichtiger als die Diät!

Sie können Sie wieder aufnehmen, wenn Sie vom Arzt grünes Licht bekommen.

ZU WENIG ESSEN

Überraschenderweise ist eines der größten Probleme bei einer Diät, dass man zu wenig isst!

Wenn man zu wenig isst, geht der Körper in eine Art Hunger-Zustand über, in welchem sich der Stoffwechsel verlangsamt, um wertvolles Körperfett zu schonen.

Der Körper hat den Eindruck, dass eine Hungersnot droht.

Also schont er instinktiv Körperfett für den Fall, dass Nahrung knapp wird.

Deshalb müssen Sie Ihrem Körper das Gefühl geben, dass genügend Nahrung vorhanden ist.

Das heißt, Sie müssen genügend essen, und oft.

Wenn Sie Mahlzeiten ausfallen lassen, werden Sie hungrig und reizbar, und das macht Sie anfälliger, Heißhunger auf bestimmte Sachen zu entwickeln.

Außerdem wird Ihr Stoffwechsel immens runtergefahren.

Ihren Stoffwechsel müssen Sie aber stets hoch halten, und das heißt, oft essen.

Natürlich essen Sie gesunde Nahrungsmittel, die wenig Kalorien haben, wodurch Sie häufig und viel essen können.

Sie sollten:

✓ alle 2-4 Stunden essen;

✓ kleinere Mahlzeiten mit je 200-400 Kalorien essen;

✓ viele kalorienarme Früchte und Gemüse essen;

✓ Vollkornprodukte essen;

✓ nicht zu viel Zucker essen;

✓ niemals Mahlzeiten ausfallen lassen.

Sie sollten eine Liste von sicheren Nahrungsmitteln haben, von denen Sie unbegrenzte Mengen verzehren dürfen.

Lernen Sie sie entweder auswendig oder haben Sie sie immer bei sich.

Das hilft Ihnen, jederzeit einen Snack ohne schlechtes Gewissen zu haben.

Gesunde Nahrungsmittel

Äpfel	**Karotten**
Birnen	**Kopfsalat**
Pflaumen	**Radieschen**
Pfirsiche	**Blumenkohl**
Beeren (alle Sorten)	**Brokkoli**
Mangos	**Sellerie**

Kirschen	Gurken
Buttermelonen	Spinat
Honigmelonen	Anderes grünes Gemüse
Wassermelonen	Zuckerschoten
Trauben	Tomaten
Nektarinen	Paprika

Sorgen Sie dafür, dass Sie immer einige dieser Nahrungsmittel vorrätig haben, und ich möchte Ihnen raten, sie im Voraus vorzubereiten.

Ich bereite meine Gemüse zu, sobald ich sie nach Hause bringe.

Ich schneide die Spitzen ab, schäle, schneide in Stücke und lege sie in Plastikbehälter in den Kühlschrank, so dass ich nur noch zugreifen muss, wenn ich sie brauche.

Ich finde, dass ein Grund, warum ich ungesunde Fertigkost gegessen habe, der ist, dass ich nichts fertig Vorbereitetes hatte, wenn ich hungrig war.

Manchmal fühlt man sich ein wenig müde oder ist zu faul und will dann nur zugreifen können und essen.

Dann isst man lieber Kartoffelchips, statt 10 Minuten mit der Zubereitung eines Salats zuzubringen!

Wenn ich aber ständig etwas Gutes zu essen vorbereitet habe, ist es viel wahrscheinlicher, dass ich Gesundes esse, wann auch immer mich der Hunger überkommt, statt nach irgendeinem fetten oder süßen Snack zu greifen.

Auf dass Sie schlanker und gesünder werden und wenn sie alles hier Geschriebene beherzigen, dann ist es auch nicht schlimm, wenn es dann auch mal ein Burger mit Pommes ist. Also, in diesem Sinne – Mahlzeit!

© 2020
Herstellung und Verlag: BoD – Books on Demand, Norderstedt
ISBN: 978-3-7519-1683-7